100位

为新中国成立作出突出贡献的英雄模范人物

诺尔曼·白求恩

王　晶/编著

★

吉林文史出版社

图书在版编目（CIP）数据

诺尔曼·白求恩 / 王晶编著. -- 长春 ： 吉林文史
出版社，2011.4（2022.4重印）
（100位为新中国成立作出突出贡献的英雄模范人物）
ISBN 978-7-5472-0510-5

Ⅰ．①诺… Ⅱ．①王… Ⅲ．①白求恩，
Ｎ．（1890～1939）－生平事迹 Ⅳ．①K837.116.2

中国版本图书馆CIP数据核字(2011)第050261号

诺尔曼·白求恩

NUOERMAN BAIQIUEN

编著/ 王晶

选题策划/ 王尔立 责任编辑/ 王尔立
装帧设计/ 韩璘
出版发行/ 吉林文史出版社
地址/ 长春市福祉大路5788号 邮编/ 130118
电话/ 0431-81629363 传真/ 0431-86037589
印刷/ 天津海德伟业印务有限公司
版次/ 2011年4月第1版 ：2022年4月第8次印刷
开本/ 640mm×920mm 1/16
印张/ 9 字数/ 100千
书号/ ISBN 978-7-5472-0510-5
定价/ 29.80元

《100位为新中国成立作出突出贡献的英雄模范人物》丛书

★★★★★

编 委 会

100位

为新中国成立作出突出贡献的英雄模范人物

八女投江	于化虎	小叶丹	马本斋	马立训	方志敏
毛泽民	毛泽覃	王尔琢	王尽美	王克勤	王若飞
邓萍	邓中夏	邓恩铭	韦拔群	冯平	卢德铭
叶挺	叶成焕	左权	诺尔曼·白求恩		任常伦
关向应	刘老庄连	刘伯坚	刘志丹	刘胡兰	吉鸿昌
向警予	寻淮洲	戎冠秀	朱瑞	江上青	江竹筠
许继慎	阮啸仙	何叔衡	佟麟阁	吴运铎	吴焕先
张太雷	张自忠	张学良	张思德	旷继勋	李白
李林	李大钊	李公朴	李兆麟	李硕勋	杨殷
杨子荣	杨开慧	杨虎城	杨靖宇	杨闇公	萧楚女
苏兆征	邹韬奋	陈延年	陈树湘	陈嘉庚	陈潭秋
冼星海	周文雍、陈铁军夫妇		周逸群	明德英	林祥谦
罗亦农	罗忠毅	罗炳辉	郑律成	恽代英	段德昌
贺英	赵一曼	赵世炎	赵尚志	赵博生	赵登禹
闻一多	埃德加·斯诺		夏明翰	格里戈里·库里申科	
狼牙山五壮士	聂耳		郭俊卿	钱壮飞	黄公略
彭湃	彭雪枫	董存瑞	董振堂	谢子长	鲁迅
蔡和森	戴安澜	瞿秋白			

前　言

　　每个人的心中都多少有一点英雄情结，都向往英雄、景仰英雄。也正因此，在中华人民共和国建国六十周年之际，由中央十一部委联合组织开展的"100位为新中国成立作出突出贡献的英雄模范人物和100位新中国成立以来感动中国人物"的评选活动中，群众参与投票总数近一亿。这其中的每一张选票，都表达了人们对英雄模范的崇敬之情，寄托着对伟大祖国的美好祝福。

　　一个民族不能没有英雄，否则这个民族就不会强大。当国家危难之时，懦弱者选择了逃避、妥协甚至投降，英雄们却挺身而出，用热血捍卫民族的尊严，人民的幸福。在创立和建设新中国的伟大历程中，涌现出无数可歌可泣的英雄模范人物。他们之中，有为了民族独立和人民解放而英勇牺牲的革命先烈，有为了党和人民的事业而不懈奋斗的优秀共产党员，有在全民族抗战中顽强奋战、为国捐躯的爱国将士，有英勇杀敌的战斗英雄和革命群众，有积极从事进步活动的著名民主爱国人士和国际友人……他们是民族的脊梁、祖国的骄傲，是激励全体人民团结奋斗的精神力量。

　　《100位为新中国成立作出突出贡献的英雄模范人物传记》丛书，就像一部星光璀璨的英雄谱，真实、完整地记录了英雄模范人物不平凡的一生，再现了他们非凡的人格魅力和精神世界。"头颅可断腹可剖"的铁血将军杨靖宇，"毫不利己，专门利人"的白求恩，"抗战军人之魂"张自忠，"砍头不要紧"的夏明翰，"俯首甘为孺子牛"的文化斗士鲁迅……一串串闪光的名字，一个个动人的故事，犹如群星闪烁，光耀中华。

　　如今，战火已熄，硝烟已散，英雄已逝，我们沐浴在和平的幸福之中。在和平年代，人们不会忘记为今日的和平浴血奋战的英雄们，英雄的故事永远不会结束。让我们用英雄的故事唤醒我们心中的激情，为中华民族的伟大复兴而奋斗。

生平简介

白求恩（1890–1939），男，加拿大安大略州人，加拿大共产党党员。

诺尔曼·白求恩1916年毕业于多伦多大学医学院，1935年被选为美国胸外科学会会员、理事。同年加入加拿大共产党。中国抗日战争爆发后，受加拿大共产党和美国共产党的派遣，率领一个由加拿大人和美国人组成的医疗队支援中国人民的正义斗争，为抵抗日本侵略军的中国军民服务，于1938年3月到达延安，随即转赴晋察冀抗日根据地。他积极投入到组织战地流动医疗队、出入火线救死扶伤的工作中，为减轻伤员的痛苦和残疾，他把手术台设在离火线最近的地方。他提议开办卫生材料厂，解决了药品不足的问题；创办卫生学校，培养了大批医务干部；编写了多种战地医疗教材并亲自讲课。他的牺牲精神、工作热忱、高度责任心，堪称模范。他虽年近五旬，但多次为伤员输血，一次竟连续为115名伤员做手术，持续时间达69个小时。1939年10月下旬，在抢救伤员时左手中指被手术刀割破，终因伤势恶化，感染败血症，医治无效，于11月12日在河北省唐县黄石口村逝世。12月1日，延安各界举行追悼大会，毛泽东题了挽词，并写了《纪念白求恩》一文，高度赞扬白求恩伟大的国际主义和共产主义精神。

1890-1939

[NUOERMAN BAIQIUEN]

◀诺尔曼·白求恩

目 录 MULU

人生的正确抉择（代序）

　　白求恩出生在长老会牧师家庭，他的祖父曾经是位很有名气的医生。由于家庭的影响，做一个好人，做一个像祖父一样的好医生，在白求恩幼小的心灵中萌芽。因此，白求恩从小就有了立志求学、热爱知识、崇尚科学的思想信念。后来，为了能够完成大学学业，他冒着危险孤身一人进入大森林，当了一年伐木工人，克服了常人难以克服的困难，终于挣足了学费，完成大学学业。然而，他并不满足于学识上的一知半解，毅然周游欧美一些国家，遍访名医名师，虚心向他们学习请教，为自己很快取得医学成就奠定了坚实的基础。

　　酷爱学习，刻苦钻研，善于动脑，精益求精，使年轻的白求恩成为在加拿大、英国、美国享有盛誉的胸外科医生。

　　白求恩视金钱、地位、名望为粪土，把为穷苦人解除疾病痛苦作为己任。他嫉恶如仇，对光明与自由极端渴望，他接受马克思主义的影响，最终加入了加拿大共产党。

　　成为共产党员之后的白求恩，用自身的医术，参加了西班牙反法西斯战争。中国的抗日战争爆发之后，他受加拿大共产党和美国共产党的派遣，带领一支医疗队，不远万里，来到中国。

　　针对八路军严重缺乏医护人员、战地救治技术极低的实际情况，白求恩组织开展了"特种外科培训周"活动，为八路军培养了具有一定技术水平的医护人员；他发挥自己的聪明才智，既是设计者，又是施工指挥者，还是铁匠、木匠、泥瓦匠，在物质极端匮乏的艰难条件下，为八路军创建了第一所模范医院；他还根据冀中平原游击战争的实际需要，发明了适应战场紧急救治需要的"药驮子"和"药篮子"，为挽救伤员的生命作出了重要贡献。

白求恩在晋察冀边区工作两年，不仅为八路军的医疗卫生事业建设做了大量的工作，也为边区老百姓解除了疾患痛苦，受到了人民群众的赞誉和爱戴。

白求恩因手术时不慎割破手指，中毒感染不治，献出了宝贵的生命。负伤之后，他仍不肯放下工作，强忍着剧痛，坚持检查伤员病情、为伤员做手术。在生命垂危的弥留之际，他想到的仍旧是八路军的医疗卫生工作，用生命的最后一息，给八路军医疗卫生建设工作留下了极其宝贵的建议。

人类长河，滚滚向前。时代进步，社会发展。读了白求恩的事迹之后，你会有怎样的感想，又该如何对待生活，如何对待人生呢？我认为，人们在追求与实现个人价值的过程中，应该有一点爱国主义精神，要有一点奉献精神。只有具有高尚的情操和精神境界，才能在为他人和为自己的问题上作出正确的抉择。人人都能为人类献出一点爱，有一点专门利人的精神，世界一定会变得更加美好。

立志当医生

(1890—1900)

→ 家庭启蒙教育

（0-8岁）

加拿大安大略省北部小城格雷文赫斯特，是一座美丽的城市。1890年3月3日，世界反法西斯英雄、伟大的国际主义战士诺尔曼·白求恩就出生在这里。

白求恩的父亲是长老会的牧师，他的母亲是位虔诚的长老会的忠实信徒。白求恩的祖父是多伦多市久负盛名的杰出医生。白求恩的家族具有善良热情、乐于助人的特点。

父母对信仰的虔诚，祖父高明的医术，先辈流传下来的善良、乐于助人的品德，都为白求恩的成长与发展，为他对医术精益求精的追求以及毫不利己、专门利人精神的树立奠定了基础。

白求恩童年时期的一些趣事，至今还在他的故乡流传着。

8 岁的白求恩，对人世间所有的事物都怀有无比的好奇。当他听爸爸妈妈讲述祖父当年为了钻研医术，自己动手制造医疗器械，为付不起药费的穷人免费治病的故事之后，他立刻萌生了做一个好医生的念头。于是，在家人沉浸在聊天、做游戏的欢乐之中的时候，他在自家的楼上便"丁丁当当"地敲打起来。爸爸妈妈

△ 白求恩故居格雷文赫斯特小镇

以为他是在胡闹，而白求恩却说：

"我没有胡闹。我正在制作一件医疗器械，像故事里的爷爷制造的那件一样，请你们别再打扰我。"

听了白求恩一本正经的话，爸爸妈妈全都愣住了。这时，白求恩转过身来，郑重地向大家宣布：

"从现在起，你们必须称我为亨利·诺尔曼·白求恩！"

听白求恩这样说，大家都感到吃惊。还是白求恩的姐姐简妮特首先打破了沉默，她问白求恩：

"你大概是疯了吧，你怎么能和爷爷叫一样的名字呢？"

听姐姐这样问自己，白求恩自信满满地对姐姐说：

"简妮特，你觉得这很奇怪么？我要成为爷爷那样的医生，我当然要用爷爷的名字，要不，我怎么能成为爷爷那样的医生呢？"

听白求恩这样回答，全家人都禁不住大笑起来。爸爸循循善诱地开导白求恩说：

"我的孩子，你要成为爷爷那样的医生，仅用爷爷的名字是不够的，你还要学习爷爷钻研医学的精神，你必须从学习基本的医学知识入手。"

"什么叫基本的医学知识？"白求恩好奇地问爸爸。

是啊，一个年仅 8 岁的孩子，懂得什么叫基本的医学知识呢？

于是，爸爸进一步耐心地对白求恩解释说：

"比如说解剖，学医就得知道动物的骨骼构造，这就是基本的。"

白求恩还是第一次听到"解剖"以及"骨骼构造"之类的词汇，他虽然似懂非懂，但他还是点了点头。

也就是从这个时候起，白求恩的脑子里总

△ 白求恩一家最早的一张照片，马背上是三四岁光景的白求恩。

是想着"学医,要学基本的,解剖,是基本的"。其实,他不仅是在想,而且要把这样的想法,变成实际行动。于是,他动手解剖苍蝇、螳螂、小鸡,凡是他能抓到的或能够摆弄的小生物,都成了他的研究对象,他那小小的卧室,俨然成了他的"研究中心"。

→ 简妮特的脚印

★★★★☆

（9—10 岁）

自从开始解剖各种小动物,白求恩对科学知识的渴求更加强烈,几乎渗透到了日常生活中的每一个细节。

有一天,白求恩一家到蒙特利尔郊游。野餐后,母亲将洗碗的水泼在地上。看着地上的水洼,白求恩动了心思,他让姐姐简妮特站到水洼里,然后再将双脚站到一块干燥的木板上。简妮特以为弟弟又要捉弄自己，不肯这样做。可是，白求恩却一本正经地对姐姐说：

"简妮特，我正在做一个医学试验，想研究一下你的脚长得是不是够标准，你能支持我么？"

姐姐见他那郑重的表情，不像是要搞什么恶作剧，便答应帮助弟弟完成这个实验。

△ 白求恩的父母

白求恩量过姐姐的湿脚印，经过一番默默的计算和认真的研究，高兴地向姐姐宣布他的研究成果：

"简妮特，你的脚长得非常标准，各种数字表明，你的脚印是我最近研究发现的最好的一双脚印。"

姐姐用期待的目光望着弟弟问："这么说，我的脚是女孩子中最漂亮的啦？"

"是的，很标准，也很漂亮。"姐姐甜甜地笑了。她问弟弟：

"你真的要做一名像爷爷那样出色的医生么？"

白求恩学着大人的样子，耸了耸肩，很自信地回答："那当然!"

与穷苦人成为朋友

（1910—1911）

→ 勤工俭学

（20-21岁）

生活之舟，不可能总是一帆风顺。人生的道路，往往充满曲折和坎坷。刚刚步入青年的白求恩，在求学的问题上遇到了困难。

刚上大学的白求恩，面对家庭生活困难的局面，他知道要想继续读书，完成自己的学业，就必须在课余时间找事做，自己挣钱交纳学费。这是白求恩接触社会的开始，也是他人生道路的起点。

从此，白求恩开始了半工半读的生活。他送过报纸，当过学生食堂的招待员、船上的烧火工，当过记者、教书先生。尽管这样，仍旧无法支付他高额的大学学费。于是，他又走进大森林，当上了一名伐木工人。

白求恩当了一年伐木工。在一个寒冷的夜晚回到家里，可是母亲却已经认不出自己的儿子了，把他当做了上门讨饭的吉卜赛流浪汉。

其实也难怪，白求恩的一身打扮，真是个十足的流浪汉：他头上戴着一顶破旧得快要掉了边儿的帽子，脸上脏兮兮的，好像几年都没

△ 白求恩纪念馆里的白求恩简介

有洗过，衣衫褴褛，靴子开了口。

当母亲认出是自己的儿子之后，便抱住白求恩哭了起来，她哽咽着说：

"孩子，你瘦了，但是变结实了，骨架也变宽了。在大森林，你肯定吃了不少苦。"

白求恩安慰母亲说：

"妈妈，我为了挣钱交学费去了大森林，算不得苦，真正苦的，是那些长年累月生活在大森林里的伐木工人。"之后，白求恩给母亲讲起了他在大森林里的经历。

白求恩刚来的时候，人们都以为他是富家子弟，到这里来不过是游山玩水出于好奇罢了，根本吃不了伐木工这份苦。所以，没有人理睬他。

白求恩向伐木工们解释说：

"亲爱的朋友们，我也和你们一样，只不过我是一个穷学生。我得挣钱上学。可是我没有更多的时间挣钱。我必须一天当两天用，来这儿当伐木工，干最苦的活，多挣钱，才能保证我的学习不会中断。朋友们，我初来乍到，不懂规矩，不会干活，还请大家多多帮忙！"

白求恩的一番话，把憨厚的伐木工们感动了，他们都不好意思地笑了。

大胡子伐木工痛快地对白求恩说：

"伙计，你是好样的，有胆量，有勇气，我敢说，你将来一定不会错。"

白求恩干活特别卖力气，从不偷懒，对工友们，尤其是对年老的工友，简直就像对待自己的父兄一样。白求恩的勤劳、诚恳、热情、谦逊和乐于助人，赢得了大家的好感。休息时他还经常教大家学文法和算术，为大家代写家信。时间长了，白求恩和工友们成了真正的朋友。

一年来，白求恩与工友们在一起，对他们的生活有了基本的了解，他知道，到大森林里当伐木工的人们，全都是最穷苦，生活在社会最底层的人。是那些在城市或在乡村，实在活不下去的人，才不得已背井离乡，到大森林里讨生活，靠出苦力混口饭吃。那个大胡子，就是因为失业，不但在家乡生活不下去，老婆也和他离了婚。他无比憎恨失业，是失业，使他失去了老婆孩子，失去了安稳的生活。他很快就从痛苦中挣扎出来，对正在聚精会神听他讲述的白求恩说："年轻人，你有志气，能吃苦，肯定能有个好前程，将来有了出息，千万别忘了咱们这帮大森林的兄弟呀！"白求恩深深地点点头。还有位年轻的伐木工，向大家讲述了他家的遭遇：他当码头工的父亲，被富人的汽车轧死了。失去了唯一劳动力的家庭，经济一下子落入了低谷，不得已他才到大森林里来，吃苦受罪，就是为了养家糊口。他听同乡捎信来说，他母亲病倒了，家里却没钱给她治病。年轻的伐木工说到这里,哽咽起来。大胡子也跟着落下了泪水。他对年轻的伐木工说："伙计，别哭，咱们大森林的苦兄弟都是一家人，大家会帮助你的！"

初涉世事的白求恩难以入睡，他想到大胡子由失业导致的家庭离散，他还想到青年伐木工家庭遭遇的不幸，富人的汽车轧死人不偿命，家庭失去了唯一的劳动力而生活无着，穷苦人生病而没钱医治……这到底是为什么，到底是怎么回事呢?尽管白求恩冥思苦想，仍旧没有答案。不过，为了完成学业，白求恩体会到了当伐木工的辛苦，从中也感受到了生活在社会底层的劳动人民的苦难。

白求恩向母亲讲述了这些，同时从怀里掏出了两样东西，一样是他在大森林挣来的钱，另外是一张照片，那是他和伐木工们的合影，他建议母亲把这张照片挂在家里最显眼的地方。母亲不解地问：

"我的孩子，你说把照片挂在家里最显眼的地方，这值得你如此珍视吗？"

△ 白求恩（中间叉腰者）和伐木工们合影

"当然！"白求恩郑重地回答，接着补充道：
"他们是我最要好的朋友。"说完，白求恩把照
片从妈妈手里拿过来，对妈妈说："结识了他们
后，我才知道在这个世界上，什么是真正的苦
难。"

△ 白求恩的故宅。位于加拿大安大略省多伦多市以北150公里的格雷文赫斯特镇。
1993年由加拿大政府辟为"白求恩纪念馆"。

热心为穷苦人服务

"第一个吃螃蟹的人"

★★★★★

（26—37岁）

    白求恩把当一名像爷爷一样的杰出医生作为自己的人生理想，并一直苦苦求学，遍访名医，足迹踏遍了欧美许多国家。他对医学孜孜以求、锲而不舍的进取精神，使他在专业上有了很大的进步。他被聘为英国爱丁堡皇家外科学会会员的两年后，作为知名的青年医生，在底特律定居并开办了自己的诊所。

    年纪轻轻的白求恩，在医学界有了名望，又有了自己的诊所。挣大钱过上幸福生活，跻身上流社会都是唾手可得的。然而，他始终也没有忘记当年的穷哥们儿，因此，在他的诊所里，白求恩热情地、近乎无偿地为广大劳工阶层的人们治病，每天从早忙到晚。他废寝忘食地工作，很少休息，结果积劳成疾。经过检查，他得了肺结核。当时，肺结核几乎是不治之症。

白求恩不得不停止了工作，到疗养院疗养。

在疗养院的图书馆里，白求恩被一本医学杂志上的论文吸引住了，上边有这样一段文字：

"抽去一部分肋骨或者注入气体，压迫患有结核的肺叶停止工作，从而使其痊愈。"白求恩认为，这种疗法可以试一试。当他把想法向疗养院的大夫提出来后，却遭到了拒绝。大夫回答得很简单、很干脆：这种手术别说做，这里的大夫连听都没听说过。于是，白求恩按照自己的理解，对大夫说：

"只要用一根针插进我的胸膜腔，然后打气，过上一个星期，再如法进行一次，这样我就无需躺在床上等待大自然赐给的那遥遥无期的赦免了。"

大夫认为白求恩所谓的"手术疗法"简直不可思议，而白求恩却耐心地对他解释说："大夫，你知道，我是外科医生，这些天，我认真地研究了这种疗法，我愿意试一试！假如出现了什么后果，我愿意自己承担！"

大夫在白求恩的固执面前让了步，同意把白求恩的意思转达给院务会。可是，白求恩在焦急中熬过了三天之后，大夫仍旧没有任何动静，白求恩终于按捺不住了，闯进了疗养院工作人员会场，坚定地说：

"我请求你们讨论一下给我进行人工气胸治疗我肺结核的事，并尽快决定下来。"在场的人们还没弄明白究竟是怎么回事，只见他扯开自己的衬衣，亮出了条条清晰可见的肋骨激动地说：

"诸位先生，假如你们认为我的建议危险的话，那么，我欢迎危险！"听了白求恩的话，人们被他敢为天下先，勇于"第一个吃螃蟹"的精神所震撼。

1927年10月，在白求恩从医的经历中，是个值得纪念的日子。在白求恩的强烈要求下，疗养院经过认真的准备，终于为他进行了人工气胸疗法。两个月后，白求恩的病情有了根本性的好转，体温正常，脉搏正常，痰液结核菌呈阴性，左肺叶病情已经稳定，他的体重也由104斤恢复到了病前的150斤。一年以后，白求恩完全康复了。

白求恩在医学上勇于探索，不惜用自己的生命向疾病挑战，为手术治疗肺结核作出了有益的尝试。

→ 把荣誉贴在厕所里

★★★★★

白求恩刻苦钻研医学，勇于大胆探索与尝试，救死扶伤，治病救人，赢得了人们的信任和赞誉，也得到了许多闪光的荣耀和头衔。如皇家外科学会会员、国家健康部顾问等等，同时他还是美国胸外科协会五理事之一，令同行们羡慕不已。而令人匪夷所思的是，白求恩把自己的荣誉证书，全都粘贴在厕所里，这到底是为什么呢？

有一天，白求恩被报纸上一篇《苍蝇到处飞，老鼠满街跑》的文章所吸引，由此，他与文章的作者——一位年轻的记者相识了，并主动邀请来他家做客。开始，年轻的记者并不知道白求恩是何许人，但当他得知白求恩就是大名鼎鼎的胸外科大夫之后，觉得有些奇怪，因为他发现，白求恩竟把自己的文凭、证书以及各种荣誉证书，全都粘贴在厕所的墙壁上。

见年轻的记者用迷惑不解的眼神望着自己，白求恩已经猜到了面前这位年轻记者的心思，他深沉地说：

"如果头衔不能造福人民，它还有什么用呢？"稍微顿了顿，白求恩又意味深长地继续说

◁ 年轻时的白求恩

下去：

"对于名利我们都不能太痴情，我们还是多做一些事情，少一些虚荣的好！"

白求恩的话，犹如一缕阳光，直射到黑暗的角落，使人一下子就看清楚了那黑暗处存在的肮脏与龌龊。年轻的记者冲白求恩连连点头，他被白求恩免费为穷苦人治病，不图虚荣，淡泊名利，心中装着人民群众的精神所感动。年轻的记者知道，白求恩之所以把自己的头衔和荣誉粘贴在厕所里，正是对黑暗的、不公正的社会制度无奈的反抗。

白求恩与年轻的记者敞开胸怀，畅谈了好久，谈穷人、谈社会、谈医生、谈穷人有病无力支付高额的医疗费等问题，白求恩在谈到医生的问题时抱怨说：

"现在的医生，有多少是按维护人民健康这个概念办事呢？他们挂牌行医，像做买卖一样，诊断一次收多少钱，这就是他们的制度。人民的健康竟然需要高额的金钱来购买，这是多么违背天良的事啊！"

年轻的记者能够理解白求恩的心情，但是，令他不解的是，白求恩的厕所墙壁上，为什么还会有各式各样大小不一的手掌印和签名呢？

白求恩对年轻的记者说：

"记者先生，我知道你一定感到很奇怪，现在我告诉你：

这些颜料、手掌印和签名是我对知心朋友的一种特殊的礼遇，因为你揭露了穷人患病无钱医治的悲惨处境，所以你是我的好朋友。既然如此，就请你蘸着盘子里的颜料在我的墙上按下你的手印，然后在手掌印的空白处写上你的名字，让它作为一个永久的纪念好吗？"

听了白求恩的解释，年轻的记者激动得热血沸腾，他毫不犹豫地将自己的掌印印在墙壁上，并在掌印的旁边签上了自己的名字。

白求恩与年轻的记者紧紧地拥抱在一起。从此，白求恩和这位年轻的记者成为挚友。此后，白求恩结识了许多像这位年轻的记者一样关心和同情社会底层劳苦大众的新朋友，通过这些人接近并加入了加拿大共产党。

专门利人精神生辉

(1938—1939)

→ 向党组织报到

白求恩说："我拒绝生活在一个充满屠杀和腐败的世界里，我拒绝以默认或忽视的态度，面对那些贪得无厌之徒，这世界只要还有流血的伤口，我的内心，就一刻不得安宁。"这段话，很好地诠释了白求恩不远万里来到中国参加抗日战争的思想根源。

第二次世界大战爆发，作为共产党员的白求恩参加了反法西斯的西班牙马德里保卫战，担任医疗队长。1937年，日本法西斯发动了震惊中外的七七事变，消息传来，白求恩以特有的对世界重大事件的敏感度和观察力迅速作出反应，他在萨尔泰阿姆市政大厅里演讲时就预言："真正的战斗在中国。"

此后，白求恩非常关注中国人民的抗日战争。一个偶然的机会，他在募捐途中翻看一份报纸，忽然被一条新闻所吸引。他读完后兴奋地用拳头在大腿上一擂，几乎是大喊起来："看吧！他们堵住它了！"这是在一列正在飞驰着的火车车厢里，车上的乘客都吃惊地回过头来，望着白求恩不解地问："堵住？堵住什么啦？"

"法西斯日本，在中国被八路军堵住了，你们看。"白求恩激动地用手指着报纸。

报纸上，一行醒目的标题：八路军创造奇迹，日本精锐在山西山区遭歼灭。

人们欢呼着，纷纷传阅那张报纸。然而，静下来的白求恩却陷入了沉思。他的耳畔再次响起了自己的预言：真正的战斗在中国。

白求恩决定援助中国人民的解放事业。他把自己的想法分别通知了加拿大和美国共产党，加、美共产党迅速作出决定，同意联合派遣由白求恩率领的一支医疗队到中国去。演讲、募捐，白求恩马不停蹄地着手做准备工作。1937 年底，医疗队人员和医疗器械已基本齐备。1938 年新年刚过，48 岁的白求恩含泪辞别了老母亲，带领他的医疗队义无反顾地从加拿大温哥华出发了。

白求恩途经香港来到武汉，受到了《中国红军在前进》的作者美国女作家史沫特莱的热情迎接，她悄悄地告诉白求恩：

"知道你们来，周恩来他们高兴极了，他们正在等着你们。"

白求恩听史沫特莱这样说，异常兴奋，他拉着史沫特莱的手急切地说："咱们现在就去！"

在汉口的八路军办事处，白求恩和周恩来见面了。礼节性的寒暄之后，谈话迅速转入正题，白求恩是个急性子，他立刻向周恩来表达了马上就去为八路军工作的愿望，周恩来微笑着对他表示由衷的赞许。白求恩试探着问周恩来：

"我能不能直接去山西呢？"

周恩来微笑着问白求恩："为什么要到山西去呢？"

白求恩坦诚地说："因为我在加拿大时就在报纸上看到过八路军在山西打了胜仗的消息，所以，我断定那里一定是最前线。我是军医，应该到战斗最激烈的地方去工作，那里肯定有我的伤员。"

周恩来告诉白求恩，山西确实是前线，两个月前，在山西、察哈尔、河北三省前线成立了晋察冀军区，担任军区司令员的是聂荣臻同志，他是山西平型关伏击日本法西斯并取得胜利的指挥员之一。晋察冀是第一个敌后抗日根据地，那里也是最前线。不过，周恩来建议他还是先到延安，从延安到晋察冀会更安全些。

白求恩向周恩来表示，他是想到延安，很希望与毛泽东见面，但他是医生，他是为工作而到中国来的，还没做什么，不好意思去见领导人。

为安全起见，白求恩同意了周恩来的建议，先到延安，然后再从那里去前线。

1938 年 4 月初，白求恩和他的医疗队来到了延安，受到了毛泽东的亲切接见。

见到毛泽东，白求恩异常激动，跑步上前，

△ 白求恩在延安窑洞前就餐

举起右手，郑重地向毛泽东行了一个西班牙国际纵队反法西斯的战斗敬礼，然后，他紧紧握住了毛泽东伸出的一双大手。

"欢迎你，欢迎你！"毛泽东用浓重的湖南口音连声说着，脸上荡漾着慈祥的笑容。

毛泽东把白求恩请进了陈设简陋的窑洞。两位伟大的人物相对而坐。此时此刻，激动不已的白求恩，想到的第一件事情，就是从怀中取出那个皮夹。他严肃地将皮夹子打开，拿出一件东西，双手交给毛泽东。他说："这是我的党证，一名加拿大共产党员向党组织报到！"

毛泽东庄重地双手接过那张鲜红的党证，像捧着一颗共产党员怦怦跳动着的心。他温和地拉过白求恩的手说：

"白求恩同志呀！你不远万里从加拿大来到我们中国，帮助中国人民的抗日战争，这是一种可贵的国际主义精神啊！"

接着，毛泽东微笑着说："你可是我们的国际朋友哟！来，我们就不要客套了，请坐下来谈嘛！"

白求恩笑了，坦然而又不失礼节地坐在毛泽东的身边。

毛泽东和白求恩通过翻译热烈地交谈着。话题十分广泛，从中国到世界，从前方到后方，从军事到卫生。他们谈得无拘无束，不时放声大笑。

在谈到卫生工作时，白求恩诚恳地请求说：

"毛泽东先生，我到延安，请你允许我到前线去。前线的

△ 白求恩在延安街头画抗日宣传画

八路军将士在流血牺牲，那里最需要我。"

毛泽东深深地吸了一口烟，刚要答话，白求恩又说："我还有一个请求，请毛泽东先生批准我组成一支手术队到前线，这支手术队要在战地附近对伤员实行初步治疗，这样，就可以使百分之七十五的伤员免于死亡。我想，医生的工作只有到最前线，才能更有成效切合实际，所以请毛泽东先生考虑我的请求。"

毛泽东呵呵地笑了，他望了一眼陪同会见的卫生部长姜齐贤同志说："这个问题嘛，你们卫生部的意见呢？"

姜齐贤思考了片刻说："报告主席，我们卫生部已考虑准备把白大夫留在延安，在我们的卫

△ 白求恩与八路军哨兵在一起

生学校担任教学工作，不知主席意思……"

毛泽东点了点头，继而又摇了摇头，他思忖片刻说：

"白求恩同志说得好哇！我们的八路军战士在前方流血牺牲，目前的当务之急我看还是组织好前线救护，训练好前线的医务人员。八路军正处在敌强我弱的形势下，又处在迅速发展之中，人力和经验对我们来说都是十分宝贵的呀！因此，我建议你们卫生部还是考虑一下白求恩同志上前线的请求。"

姜齐贤点点头。翻译很快把毛泽东的话告诉了白求恩。

白求恩那灰蓝色的眼睛里闪出兴奋的光。他迫不及待地问：

"毛泽东先生，八路军的部队都战斗在抗日的最前线，你批准我到哪一带的前线呢？"

毛泽东笑着，意味深长地示意白求恩说：

"不知白求恩同志知不知道，我们中国有一部很著名的古典小说，叫做《水浒传》。那里边有一个花和尚鲁智深非常的厉害，他曾经喝醉酒大闹五台山。你知道这个五台山在什么地方吗？"

白求恩想了想说：

"如果我没有猜错的话，五台山应该在山西！我在加拿大时就知道，山西是抗日的前线。"

毛泽东会心地笑着，一字一句地说："对！是在山西！不过，在山西、察哈尔、河北三省前线，我们成立了一个晋察冀军区，五台山应该说属于我们的晋察冀军区，这可是我们八路军第一个敌后抗日根据地。"

白求恩高兴地说："在武汉汉口时，我已听周恩来先生说起过。我还知道晋察冀军区的司令员叫聂荣臻。"

毛泽东吸一口纸烟，笑着说："你知道的还真不少哇！"他用手指轻轻地敲击着桌面，幽默地说："这个聂荣臻可不得了哟！五台山，前有鲁智深，后有聂荣臻，聂荣臻就是新的鲁智深哪！了不起哟！"

当天晚上，白求恩在日记中倾吐着他会见毛泽东的感受：

我在那间没有陈设的房间里，和毛泽东面对面坐着，倾听着他从容不迫的言谈的时候，我回想到长征，想到毛泽东和朱德在伟大的行军中是怎样领导红军经过两万五千里的长途跋涉，从南方到西北丛山里的黄土地带。由于他们当年的经验，使他们今天能够以游击战困扰日军，使侵略者的优越武器失去效力。从而挽救了中国。我现在明白了为什么毛泽东那样感动每一个和他见面的人。这是一个巨人，他是我们世界上最伟大的人物之一。

→ 不停歇的"机关枪"

★★★★★

（48岁）

　　白求恩离开了延安。他披星戴月，昼夜兼程，穿过敌人一道道封锁线，终于到达了驻在山西省五台县金刚库村的晋察冀军区司令部。在这里，白求恩见到了聂荣臻。

　　聂荣臻对白求恩说：

　　"白求恩同志，听到你要来我们边区的消息之后，我们都非常高兴。我们这块根据地刚刚开辟，条件极差，就请喝一碗五台山的白开水吧。"

　　白求恩冲着聂荣臻司令员伸出右手大拇指连连说：

　　"你们在这样的环境下开辟敌后抗日根据地，了不起，了不起！"

△ 白求恩同志和晋察冀军区司令员聂荣臻在一起

聂荣臻说："白求恩同志不远万里来到这里，帮助我们进行神圣的抗日战争，这是国际主义的表现，我代表晋察冀全体军民对你的到来表示热烈的欢迎！"屋子里响起了热烈的掌声。

白求恩微笑着问聂荣臻："听说聂司令员曾经留学法国，法语一定讲得很好了！英语也会讲么？"

聂荣臻抱歉地说："青年时代，我到法国

勤工俭学，学会了法语，但英语我是不会讲的！"

白求恩用敬慕的眼光看着聂荣臻说："你是很有名的红军将领，我在加拿大的时候就知道你的名字。来中国前我知道八路军在山西创造了奇迹，歼灭了许多猖狂的日军。到了汉口，我又听周恩来先生说，那就是你参与指挥的平型关战役。这次我到了延安，毛泽东先生也提起你说，五台山前有鲁智深，后又聂荣臻，聂荣臻就是新的鲁智深。"

屋里的人轰地一下笑了。聂荣臻也笑了，他说："我这个鲁智深能不能在五台山站稳，还得靠晋察冀军民的奋斗，这其中也包括你嘛。"

听聂荣臻这样说，白求恩忽然神情严肃起来，他坦率地说：

"聂司令员，既然我是晋察冀边区的一员，那么我想听一听军区卫生医疗上的事儿，好吗？"

聂荣臻说："好的！"他喝了一口水，思忖片刻说："现在，军区的医疗事业还处在初建阶段，条件艰苦，困难很多，医务人员少，而伤员却有六百余名。更困难的是，我们医务人员的技术水平低，医疗器械和药品十分缺乏，组织机构和工作制度不健全。"聂荣臻简要地介绍了这些情况后，望着全神贯注倾听的白求恩，充满信赖地说："晋察冀军民非常需要你这位专家呀！"

白求恩向聂荣臻表示，他想立即投入工作。按聂荣臻的想法，准备聘请白求恩为晋察冀军区的卫生顾问。白求恩欣然接受了聂荣臻的聘请。

第二天，白求恩就去了军区后方医院。

在后方医院，白求恩受到了医院干部、战士的热烈欢迎。

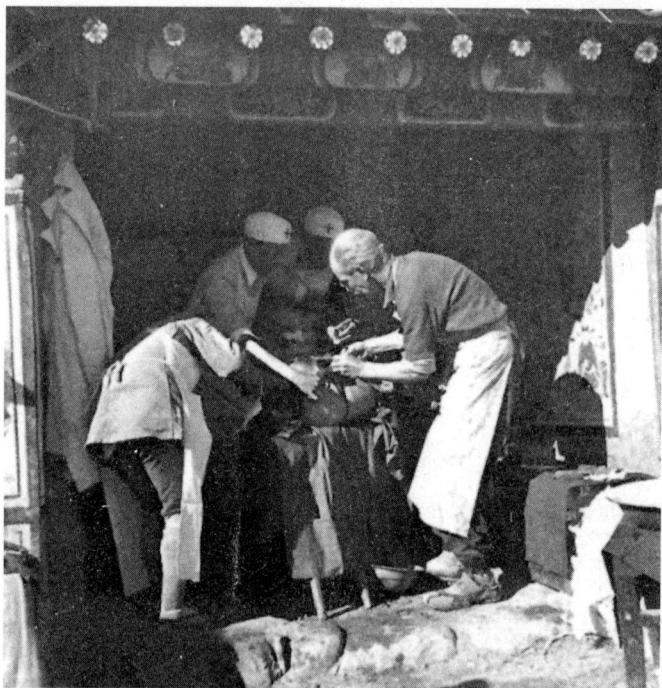

△ 白求恩在晋察冀边区涞源县临时手术室里为伤员做手术

但是，白求恩既不喝茶，也不吃饭，而是要急于见到伤员。他对卫生部长叶青山说：

"我是来工作的，不是来休息的。你们不要把我当成老古董，要把我当成一挺机关枪使用！"实际上，真的如同白求恩说的那样，白求恩真的是把自己当成一挺机关枪，只要有战斗，就不使自己停歇下来。他到后方医院的一个星期，就为520名伤员进行了全面检查。这些伤员散居在方圆60平方公里的群众家里。他起早贪晚，来到每个伤员的床前，神情专注地为伤员进行全面检查。他不辞辛苦，热情为伤员服务。

根据实际情况，白求恩利用一个月时间，先后为伤员进行了147次手术。由于条件简陋，所谓的手术室，不过就是在老百姓腾出来的空房子里布置的，挂天棚，扫地，清除四壁上的尘土和蛛网。经过这样简单的布置，手术室就算建成了。手术的过程中，白求恩不仅要担任主刀大夫，还要当麻醉师，同时还要帮助护士观察伤员的病情。就是这样，白求恩平均每天要做五个手术，有时一个手术要用上十几个钟头的时间。手术完了，白求恩还要亲自动手，把手术的医疗器械全都擦洗一遍，并连夜煮沸消毒，准备第二天手术时用。

白求恩热情为伤员服务的实际行动，感动着人们，他真的成了一挺不肯停歇的"机关枪"。白求恩见到伤员，总是要仔细地询问伤口还疼不疼、感觉好不好。白求恩说："只要伤员告诉我一声'好'，我就不知道怎么快乐了，哪怕我个人累些苦些，我都感到十分愉快。"同志们见他总是忙这忙那，很劳累，不时地替换他，而他却总是闲不住。在医疗工作的间隙，他向医院提出了许多改进工作的建议。根据实际工作情况，他还编写了两本供医生、护士学习的内外科教材。为了便于沟通，他还吃力地学习中文。

虽然聂荣臻曾一再叮嘱工作人员："边区条件很差，但一定要在尽可能的情况下让白求恩同志吃好、休息好，有什么困难马上告诉我。"领导要求一定要照顾好白求恩同志的生活，确保白求恩同志的身体健康，但是，白求恩投入边区医疗工作之后，真的就如同一挺机关枪一样，一直响了下去，一直不肯停歇，任何人也说服不了他，怎么办呢? 聂荣臻司令员趁视察工作的机会，找白求恩同志谈话，他向白求恩严肃地指出：

"白求恩同志，你这样不分昼夜地工作是对自己健康的不负责任。你是边区军民的宝贵财富，为了保证你的健康，我们有权利让你休息好!"聂司令员说完，不由白求恩再说什么，命令警卫员把白求恩关在宿舍，监督他务必在床上睡足两个小时。白求恩却从床上一跃而起，气冲冲地对聂司令员说：

"我不干，在任何方面，我都服从你的命令，可这件事我坚决不听你的。"

聂荣臻司令员只好通过闲谈的方式来松弛一下他的身心。白求恩说："处在这样一场伟大的抗日战争的最前线，你不可能不想一想，这些英雄的八路军，这些坚持斗争的人民，为亚洲、为世界人民的共同事业做出了多少惊人的努力，又承受了多么巨大的牺牲。他们在十分艰难困苦的条件下创造出了英雄业绩，怎能不使我产生一种新的工作热情！想到他们前赴后继所要实现的伟大理想，又怎能不尽一切所能为他们多做点什么？"

聂荣臻司令员听着白求恩发自肺腑的话语，望着白求恩诚恳的表情，紧紧地握住他的手，激动地说：

"谢谢你，白大夫，晋察冀边区的军民谢谢你，中国人民谢谢你！"

→ 不吃牛肉的人

★★★★★

（48岁）

一个西方人难道真的不吃牛肉？中国人一定不解。然而，白求恩就是不吃。难道白求恩真的不吃牛肉么？

在晋察冀边区生活十分艰苦的条件下，白求恩处处把自己当成一名普通的八路军战士，从不搞特殊。他完全改变了自己的生活方式和饮食习惯，战士们吃什么，他就跟着吃什么，即使领导专门请他吃工作餐，他也不过吃捣成泥的马铃薯，加上猪油和白糖，以馒头代替面包而已。

晋察冀边区妇女抗日救国会组织部长刘光运根据聂荣臻司令员的指示，白求恩要来了解妇女工作情况，要她务必热情接待。刘光运冥思苦想，也没能想出好办法来。后来，总算搞到了一点白面，蒸了几个馒头。可是，因为白面的质量不好，加上炊事员又很少蒸馒头，结果蒸出的馒头又黄又黑并且硬得像石头。这样的馒头，无论如何也是无法端上桌招待白求恩的。没办法，只好用小米饭招待白求恩了。主食解决

△ 白求恩在晋察冀边区留影

了，菜又成了问题。炊事员自己种了一点莙荙菜，平时大家用盐和大蒜伴着吃，就算是美味了。刘部长怕白求恩吃不好这种菜，准备到老乡家买几个鸡蛋，正巧老乡家的一头耕牛伤了腿，不能干活，只好被宰杀了。刘部长见有牛肉，喜出望外，买了一点牛肉，让炊事员煮熟了，准备用牛肉招待白求恩。

餐桌上，刘部长以为白求恩一定最喜欢吃牛肉了，可是，不知道为什么，白求恩只吃小米饭

△ 纪念白求恩大铜章

和莙荙菜，一口牛肉都不吃。

刘部长担心地想：这煮熟的牛肉既没有花椒大料，也没有醋、酱油、香油什么的，只是白水煮熟加了把盐，白求恩是不是嫌味道不好？于是她便再三解释说：

"白大夫，边区条件不好，没作料调味，牛肉虽然做得不太好，可肉却是新鲜的，你就多吃一点吧！"

白求恩听了连连摇头。

刘部长又想：听说外国人不吃生葱，可炊事员在做牛肉时为了提味儿加了几截生葱，毛病是不是出在这生葱上？这样一想便不敢再劝了。但牛肉毕竟是道好菜，白大夫不吃她又不甘心，就暗中捅了一下翻译说：

"你问问，白大夫为啥不肯吃牛肉。"翻译把刘部长的话告诉白求恩，白求恩听了，毫不客气地反问：

"你们为什么春耕的时候宰杀耕牛给我吃？为了招待我，你们这样做是很不应该的，我不愿你们把我当成个特殊的人……"

原来如此。刘部长恍然大悟，连忙向白求恩解释。白求恩听完解释，将信将疑，直到确信耕牛不是专门为他宰杀的，才主动地吃了牛肉，并歉意地冲刘部长笑了笑。

谜底终于解开了，原来，白求恩同志不是不吃牛肉，而是不想在晋察冀边区物质生活极其艰苦的条件下搞特殊化。

后方医院的粮食经常短缺，管理员从老乡家买了一些熟透了的干玉米棒子作为主食。白求恩见大家都吃这个，也跟同志们一起啃了起来。翻译董越千见了，连忙拦住白求恩，不让他吃，并且告诉他，食堂已经为他准备饭了。白求恩以为自己在生活上与八路军战士没有什么不同，既然同志们能吃老玉米，自己也应该吃这个。于是，白求恩亲切地对翻译说：

"董翻译，你知道么，今天这顿午餐，使我想起了我的家乡——安大略省北部未开垦地带农民的生活，我的童年是在那里度过的，我愿意和农民在一起，愿意和你们在一起，不愿做特殊的人，希望你能理解我！"

毛泽东十分关心白求恩的生活，曾发电报给聂荣臻司令员，请军区每月发给白求恩一百元津贴。白求恩得知后，于第二天给毛泽东写信说："我谢绝每月一百元津贴，我自己不需要钱，因为衣食一切均已供给。"

白求恩为拒收这笔津贴费，曾两次对聂荣臻同志表示："我从延安来，我知道毛主席、朱总司令的津贴都很少，八路军官兵每天只有几分钱菜金，我愿过中国革命队伍普通一兵的生活。我是来支援中国的民族解放战争的，我要钱做什么？我要穿好吃好，就在加拿大不来了。"他还开玩笑地对聂司令员说："你是晋察冀军区的最高首长，每月才五元津贴，而我不过是一个卫生顾问……"

后来，他在写给聂荣臻的一封信的末尾这样写道："在其他大夫每月只拿一元、司令员自己每月只拿五元，而我却拿这样一笔'巨款'的时候，如果认为我能接受每月一百元的津贴，是不可思议的。"

聂荣臻透过这封信，仿佛看到了白求恩不搞特殊，坚持以普通一兵的实际行动实践着他一贯秉承的国际主义精神和共产主义精神。

→ 全能的战地医生

★★★★★

（48岁）

1938年9月15日，一座由龙王庙改建的模范医院举行了隆重的开院典礼，松岩口村像节日一样热闹。军区、边区政府以及各分区卫生部的领导在紧张的工作中赶来参加了这次盛会。

　　白求恩根据晋察冀边区缺医少药、医护人员少、技术水平低的实际情况，拟定了为晋察冀军区创建一所正规的现代化模范医院的工作方案，他在晋察冀军区卫生部召开的会议上发言说：

　　"我认为，只靠我和少数人这样忙碌下去，到底能有多大贡献呢？尽我们的力量，帮助中国同志培养自己的医生和护士，这应该是医疗队的主要任务。这样，就不是一个人或少数人，而是一批人，是许多人去同医疗方面的困难作斗争，困难也一定会更快地被克服！"

　　白求恩的建议，得到了聂荣臻司令员的批准，不过，建医院的原则是因陋就简。因此，这所医院是由庙宇改建的。在医院建设过程中，白求恩既是设计者，又是施工技术的指挥者，既是铁匠，又是木匠，还是泥瓦匠。他每天都同施工人员在一起摸爬滚打，为加快医院建设起到了极其重要的作用。

　　一位当地的老铁匠看到白求恩什么都会，觉得很惊讶，白求恩却笑着对他说：

　　"老人家呀！一个战地外科医生，同时应该是一个好木匠、铁匠、缝纫匠和理发匠，否则他就不会是一个出色的战地医生！"

　　白求恩的话，给了在场的人们以鼓舞。仅仅五个星期的时间，晋察冀军区第一所模范医院就建成了。这所医院设有内科病室、外科病室、治疗室、手术室、换药室、化验室、消毒室、药房以及医生值班室。白求恩从美国、加拿大带来的大量的医疗器械和药品大部分放在了这所医院。

→ 炮火中挽救生命

★★★★★

（48岁）

三五九旅旅长王震同志陪着白求恩做了一夜的手术，这到底是为什么呢？

白求恩向聂荣臻司令员提出的直接参加战斗，到前线做战地救护工作的请求得到批准之后，他带领一支医疗队到三五九旅工作。来到前线之后，白求恩就发现从火线上抬下来的伤员，途中没有特护人员的照顾。他立即写信给军区首长，在给聂司令员的信中说：

"这些人员在路上三天都没有人给予治疗。我们连夜动手术直到第二天。由于我对该旅卫生部对伤员所表现的这种不关心的态度而表示了强烈的愤怒，以至于该旅指挥员在我们动手术时也从晚上一直陪到第二天。"

当然，伤员被从火线上撤下来，在送往后方医院的过程中，没能得到应有的医护，固然有其原因，然而，对于白求恩同志的批评和建议，王震同志不但认真听取，而且立即采取措施，在运送伤员的途中设休息站，以便使伤员在途中得到应有的治疗和休息。王震旅长知错就改的态度和做法，给白求恩以鼓舞。也由此两人结下了深厚友谊，成了好朋友。

在白求恩的要求下，他参加了王震亲自指挥的战斗。

广灵伏击战，急救站设在灵丘寺离火线不远的一座小庙里。

当第一批伤员抬进来之后，白求恩立即投入到为伤员做手术的战斗之中。只见他身穿一套八路军军装，高挽着袖管，光着脑袋，没顾得上戴帽子，上身系着一条橡皮围裙，金丝边老花镜架在鼻梁上。

这里，就是白求恩的战场。这里，就是挽救为打击日本侵略者、为民族解放不惜流血牺牲的八路军战士生命的地方，白求恩从容不迫地为伤员做着手术。

随着时间的推移，伤员被送进又被抬出。白求恩仍旧全神

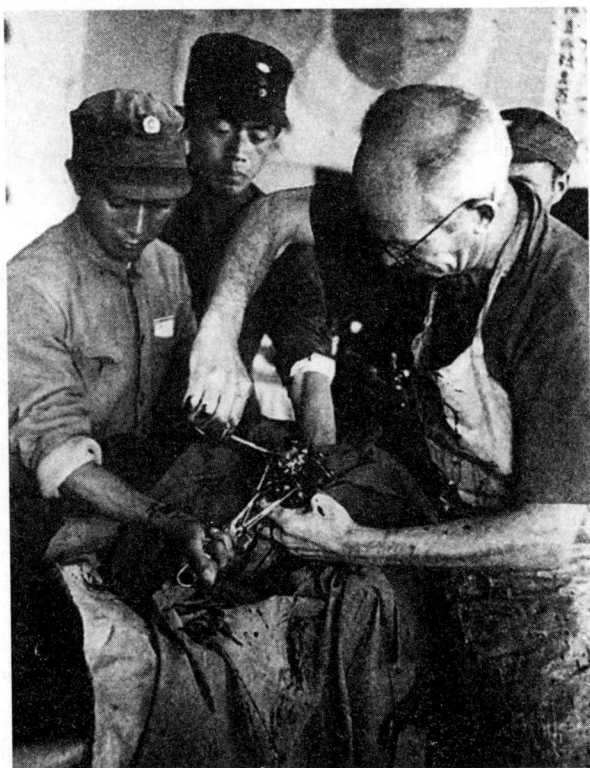
△ 白求恩为伤员做手术

贯注地做着手术，可是，在小庙的几里之外，却不时遭到敌人炮火的攻击。炮弹呼啸着，从人们的头顶飞过，又在不远处爆炸，爆炸声震天动地，与白求恩为伤员手术时不时发出的指令，与手术器械交替更换的声响，交织成战地乐曲，唱出了生与死、正义与邪恶殊死搏斗的英雄赞歌。

小庙的院墙被炸塌了，小庙屋顶的瓦片被震碎，稀里哗啦地滚落下来。对于身边所发生的这一切，白求恩只是迅速地投去一瞥，仍旧镇定自若地继续做着手术。

白求恩在手术台前一直工作了24小时不肯休息，虽然很累，但他仍旧坚持着，他说："战斗还没有结束，我不能休息！"

手术还在继续，担任麻醉师的翻译报告说，麻醉药没有了！在场的医护人员、领导都着急了，白求恩也微微皱起了眉头。小庙里，一下子寂静极了。

可是，还有伤员等着做手术，怎么办？没有人能想出没有麻醉药使手术继续进行的好办法。

还是游胜华副部长打破了沉默，他说：

"现在，我们只好在无麻状态下做手术了，红军时期，在迫不得已的时候，我们都用过这种办法。"他见大家没有言语，继续沉稳地说道：

"尽管这种办法伤员很痛苦，可是，我们已经别无选择了。"

没有麻药给伤员做手术，这对白求恩来讲还是第一次。白求恩吃惊地望着游胜华，又看看伤员，手里的柳叶刀在伤员的皮肤前踌躇着，他真的不忍心就这样为伤员手术。伤员理解白求恩，诚恳地对他说："白大夫，你大胆做吧，我能顶住！"

白求恩听了伤员的话，眼睛湿润了，他激动地对伤员说："我的孩子，好同志，你是好样的，你要咬牙坚持住，谢谢你。"伤员的痛苦，牵动着白求恩的心，手术在无麻的情况下进行，伤员忍受着巨大的痛苦，而此时的白求恩，汗水从额头、从脖颈流淌下来。

有一名重伤员需要做大手术，白求恩认为，这样的手术，没有麻醉药根本不行。

正当白求恩为没有麻醉药而踌躇的时候，只见一个浑身是血的民兵踉跄地冲了进来。他从怀里掏出一个布包，递给白求恩。白求恩接过布包，急忙打开，布包里边是几十支镇痛的吗啡! 白求恩正要问这东西是从哪里搞到的，可是，民兵却支撑不住，倒在白求恩的怀里。

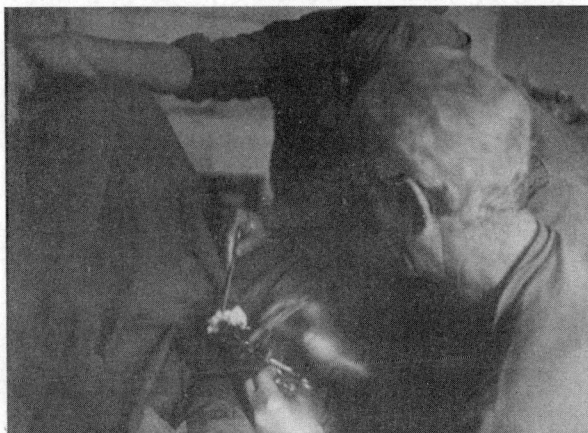

△ 白求恩给伤员动手术

那么，这些麻醉药到底是哪里来的呢？

游胜华副部长了解到医疗队没了麻醉药之后，一边让大家在无麻的情况下为伤员手术，同时他把情况报告了前线指挥部。碰巧，民兵们在刚刚缴获的物资中，发现了一些吗啡，上级领导立即派一名战士和一名民兵，火速将麻醉药送往医疗队。途中，那名战士牺牲了，这名民兵，拖着受伤的身体，冒着枪林弹雨，终于将麻药送到了医疗队。

小庙旁，山坳里，枪声、炮声仍旧一阵紧似一阵，手术室的门外，送伤员的担架排起了长队。白求恩坚持 40 个小时在手术台前工作，为 71 名伤员做了手术。此时，他的腰，都已经直不起来了，头上的虚汗不断。

胜利的消息终于传来：广灵伏击战胜利结束，我军全歼敌第二旅团，敌少将旅团长常岗贺知被击毙。白求恩做完最后一个手术的时候，已经筋疲力尽。他最后一个离开小庙，最后一个离开挽救了许多伤员生命的手术台。他被几名医护人员扶着上马，他僵直地骑在马上。血与火的考验，生与死的搏斗，使白求恩的国际主义精神和共产主义精神得到了升华。

→ 为战士献血

★★★★★

（48岁）

白求恩为八路军战士输血的故事，听来使人感动。

从白求恩离开延安，带领医疗队来到晋察冀边区之后，从未得到很好的休息。在战斗的间隙，他稍微躺一会儿，一位来找白求恩的医生被警卫员何自新挡在了门外。

何自新对来找白求恩的医生说："有事情你们处理一下吧，白大夫他，他……"

何自新没有说完的话：谁都能明白，白求恩难得休息一会儿。"

医生还没来得及再说什么，房门已经打开了，白求恩披着衣服，把医生拉进屋里，问明了情况。原来，是刚刚送来的一名伤员股动脉大出血。

白求恩知道，股动脉出血是极其危险的，很容易导致伤员死亡。

他二话没说，急匆匆地来到手术室。通过检查，他发现伤员体温很高，精神萎靡，面色苍白。他立即为伤员做了初步止血。根据伤员的情况，白求恩决定立即给伤员手术，但是，此时伤员情况非常不好，脉搏微弱，血压都听不到了，如果不输血，伤员的身体，是很难承受手术的。白求恩向在场的医护人员指示道："准备输血！"

输血，是白求恩带来的一项新技术。然而，由于敌后战场条件艰苦，环境残酷，建立血库几乎不具备任何条件。因此，只有在紧急需要的时候，大多从医生和护士们身上抽取。听到白求恩的命令，医护人员纷纷挽起了袖子，准备为伤员输血。可是，伤员是 B 型血型，他们的血型都不符。

叶青山要输他的血，他的血型正是 B 型。白求恩不同意，因为叶部长刚刚输过血。白求恩要护士输自己的血，他是 O 型，是万能血型。

大家都不同意输白求恩的血。叶部长劝阻白求恩说："白大夫，你年纪大了，身体又不太好，再有，你每天工作这么繁重，你不能再输血了，我们要对你的健康负责呀！"

白求恩先是感谢叶部长的关心，然后以坚定的口吻说：

"前方的战士为国家、为民族可以献出自己的生命，我们后方工作的同志拿出一点点血，有什么不应该的呢?"说到这里，白求恩稍微顿了顿，沉思了一下，继续说道：

△ 白求恩曾经在西班牙创办"西班牙一加拿大输血服务站"

"以后，我们可以成立志愿输血队，把血型预先检查好！"

尽管白求恩如此说，叶青山仍旧不动声色。他的意思大家都明白，叶部长还是不同意白求恩输血。白求恩恳切地对叶青山说：

"现在，不能再耽搁时间了，抢救伤员要紧，来，快动手吧！"白求恩见医生不动，仍旧望着叶部长，他又焦急地催促道：

"这是命令，必须执行！"

没有人能劝阻白求恩。大家都了解白求恩，知道他的脾气，他的急性子，他对待工作如同火一样的热忱，使医护人员敬畏。

白求恩的 300 毫升鲜血，输入了八路军战士的血管里。

白求恩的血液，流动在伤员的血管里，伤员的脸上很快就泛起了红晕。

白求恩命令医护人员立即为伤员手术。叶青山部长不让白求恩主刀，白求恩刚刚输过血，需要静养休息。白求恩却笑着说：

"亲爱的同志们，你们能想象一个大夫在自己战友生命垂危的时刻转身走开吗？我们部长献血后不也曾经继续工作过十几个小时吗？"

手术成功了。白求恩用自己的鲜血与高超的医术，又挽救了一个八路军战士的生命。

白求恩为八路军伤员献血的事迹，使八路军指战员非常感谢，他们深切地感受到了白求恩那可歌可泣的国际主义精神。

　　之后，在白求恩的建议与倡导下，成立了志愿输血队，每个队员的胸前都佩戴着血型标志，白求恩也是输血队员，他看到自己胸前的红布条，欣慰地想到，血源的问题，终于彻底解决了。

⊖ 铁面无私的人

★★★★★

（48岁）

　　白求恩带领医疗队参加广灵伏击战实行战场急救取得初步成果。从战场急救的实践中，白求恩深刻认识到：

　　"一个革命医生坐在家里等着病人来叩门的时代已经过去了，医生应该跑到病人那里去，而且愈早愈好。"

　　基于这样的考虑，白求恩给聂荣臻司令员写信建议，每个旅都应该成立一个归旅所属的流动医疗队。他还向聂司令员进一步建议说：

　　"最好把各部队团以下的卫生工作人员和医生集中到后方来，开一个速成训练班。"白求恩的建议，得到了军区领导的赞同和采纳。根据白求恩的想法，开办了火线医护人员业务培训班，

△ 白求恩在五台山松岩口

它的名字叫"特种外科实习周"。晋察冀军区后方医院也改名为特种外科医院。

参加特种外科实习周培训的学员，主要是团以下医疗单位的卫生工作人员，还有一部分各军区、旅卫生部门的主要领导干部。三五九旅的卫生部政委兼医务主任潘世征也来参加学习培训了。可是，当潘世征将王震旅长亲自开的介绍信交给白求恩的时候，白求恩却一口回绝了潘世征要求参加培训的请求。这是怎么回事呢？

对于白求恩的态度，潘世征摸不着头脑，而白求恩却气呼呼地说：

"请你回去告诉旅长同志，我认为你来参加实习周是错误的。我不能接收你这样的学员。"

潘世征问白求恩到底是为什么，白求恩却说潘世征应该清楚这究竟是怎么回事。白求恩说完，扭身走了，回过头来，又补充了一句："我会给王旅长写信解释清楚的！"

白求恩为什么会对潘世征发这么大的火呢？这是因为一个多月前的一件事情，使白求恩一直耿耿于怀。

白求恩在查房的时候，发现一名腿部负伤的伤员脸色苍白，伤口散发出腥臭味，这自然是没有得到及时治疗的缘故。白求恩问这位伤员是谁负责的，却没有人回答白求恩的问话。但当白求恩再次发问的时候，潘世征回答是他负责这位伤员。

白求恩听说是潘世征负责这位伤员，既吃惊又恼火，他不懂，作为一个旅的医务主任，责任心为什么会这么差，竟然不给腿部负伤的伤员上夹板。于是，白求恩严厉地批评潘世征：

"你为什么不给他上夹板？你应该知道你眼前躺着的是什么人。中国共产党交给八路军的不是什么精良的武器，而是经过二万五千里长征锻炼的干部和优秀的战士，对于他们，你这种不负责任的态度是绝对不允许的！"

旅卫生部顾正均部长想向白求恩解释一下，被潘世征制止了，他诚恳地向白求恩同志做了自我批评。

白求恩惋惜而又无限痛心地对伤员说："假使一个连长丢了一挺机关枪，那不消说是会受到处罚的，可是，枪还可以夺回来！而一个生命、一条腿失去以后就不能再挽回了。我们花了多少年的工夫工作、学习，就是为了保护自己同志的生命和健康呀！"

在白求恩的心目中，像潘世征这样对伤员不负责任的人，是绝对不能参加实习周的。

虽然白求恩坚决不让潘世征参加学习，可潘世征还是悄悄地留了下来。听动员报告，潘世征混在人群的后边，白求恩没有发现；三人一组，学习病房里涉及到的所有知识，当然还是没有潘世征，但正好一名同志因病请假，潘世征冒名顶替，在大家的隐瞒下，总算参加了招护组的学习。同时，因为灯光暗，人也多，仍旧没被白求恩发现。

在学习过程中，潘世征工作勤快、服务周到，他把病房打扫得干干净净，护理伤员精心细致，一个旅卫生部的政委兼医务主任，却做起了卫生员的工作，伤员们被潘世征虚心学习的精神所感动。

白求恩在查房时，终于发现了潘世征，并且对潘世征负责的病房工作很满意。白求恩只是问了问潘世征为什么还没有回去，在一旁的晋察冀军区卫生部长叶青山同志告诉白求恩，是他让潘世征同志留下来试试的。听了叶部长这样解释，白求恩不再说什么了。

潘世征随着学员在参加医生组实习时，跟随白求恩来到手术室。在讨论手术方案的时候，潘世征独特的见解，得到了白求恩的赞同。白求恩建议由潘世征主刀为学员示范，白求恩亲自担任潘世征的助手。

潘世征沉着镇定，那双满是老茧的手，竟然像绣花姑娘的手一样灵巧。他娴熟的手术技术，令在场的人们叹服，这更加使白求恩纳闷了：

就是这样一位热爱卫生工作、精通技术的人，怎么会犯对伤员不负责任、使伤员的腿伤溃烂的错误呢？后来，还是白求恩的翻译董越千为他解开了这个谜。董越千对白求恩说：

"那个腿部受伤的伤员不是潘主任处理的，你见到他的时候，伤员刚从前线抬下来。前线离后方医院路途遥远，那时医院与前线之间又没有设急救站，因此，伤员没能得到及时救护，延误了病情。"

"那么，当时我严厉地批评他，他为什么不申辩呢？如果讲清了，我是不会对他那样不客气的。"白求恩有些后悔地说。

"他认为你的批评并不是针对他个人，而是对整个旅的卫生工作。他是医务主任，又是卫生部政委，主抓业务，自然有责任，你没见王旅长也很重视你的批评么？他为什么陪你一夜，看你手术呢？就是想多听听你的意见，借此对全旅卫生工作进行一次整顿。事后，潘主任追查了这件事，对那个团的卫生工作提出了改进意见，他自己也向王旅长作了深刻检讨……"

白求恩听了董越千的话，意识到是自己误解了潘世征，他被潘世征勇于承担责任、忍辱负重的精神深深地感动。

→ 终于有了"卢沟桥"

★★★★★

（48 岁）

　　白求恩主办的"特种外科实习周"活动，很快就在晋察冀军区所属的基层单位开花结果。这一点，从三五九旅卫生部政委兼医务主任潘世征的日记中可以得到证实：

　　七天，胜于读书七个月，每一个学员都感到空手而来，满载而归。他们回到自己的单位，都按照白求恩的方式，展开了同样的实习周。

　　星星之火，可以燎原。

　　白求恩来到晋察冀军区以后，为部队卫生建设做了大量的、具有创造性的工作，并取得了一定的成绩。他接受聂荣臻司令员的邀请，参加了晋察冀边区党代会。会议期间，聂司令员转达了贺龙和吕正操的想法，希望白求恩带领医疗队到冀中平原区工作。白求恩爽快地接受了这个新任务。临出发前，聂荣臻送给白求恩一匹日本大洋马。

来到冀中平原之后，白求恩很快发现了如何使医疗队适应平原地区作战需要的新问题。

我军滹沱河歼灭战结束之后，为了防止敌人反扑回来进行报复，按照上级的命令，医疗队必须在半小时之内撤离。白求恩认为，医疗队想在这么短的时间内撤离战场真的难以做到。医疗队没能按要求时间撤离，为了保证医疗队的绝对安全，部队不得不推迟转移，敌人的增援部队赶来，经过一场激烈的战斗之后，部队才摆脱了敌人的纠缠。

如何使医疗队在尽可能短的时间内撤离战场，使白求恩陷入了冥思苦想之中。他想，在平原地区的游击战争中，医疗队的运载工具，不能用大车拉，道路不好，容易把宝贵的药品和器械损坏。同时，一旦遇到紧急情况，铺开的医疗器械收起来也要费时。

正在白求恩一筹莫展之际，冀中地方一种叫"褡裢"的东西，进入了白求恩的视线。

褡裢，也叫捎搭子，是冀中老百姓用来背东西的兜袋。这种褡裢是用制作粮袋的粗线编织而成的，结实挺括，前后有盛东西的兜袋。人们使用它，一般都是把他扛在肩头，携带方便也很实用。白求恩看到这种东西，像发现了新大陆一样。经过认真研究之后，白求恩把褡裢改造并扩大，用它来装药品和医疗器械，当然不是人扛，而是把它放在牲口背上。可是，第一次试验就失败了，因为褡裢毕竟是布做的，用它装上药品和医疗器械，放在牲口背上，只在打谷场上颠跑了几圈，就出现了很难固定、碰坏了许多东西、装取东西都不方便以及展开和收起都存在问题等缺陷。面对初次试验的失败，白求恩又皱起了眉头。

不过，白求恩并不害怕失败，他是在失败中成长起来的。于是，他打定了主意，再想别的办法。

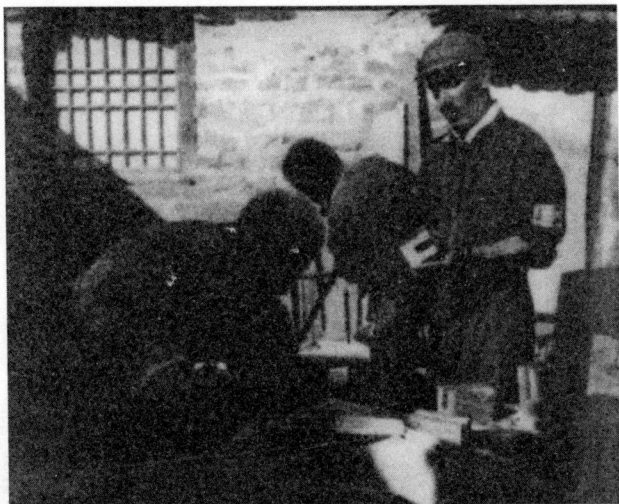

△ 白求恩自制医疗器械

有一天，白求恩在路上发现了驴背上驮粪的驮子。他见了驮子，就在驮子的前后左右转了起来。这个粪驮子，用两根木棍把两只粪筐连接起来放在驴背上，两只粪筐跨在驴的两侧，只要两只筐放同样的重量，就自然维持平衡，只要把筐固定好，不管驴跑得多快，道路有多颠簸，筐里边的东西，都不会受到损坏。

受粪驮子的启示，白求恩设计了药驮子。

经过反复试验终于定型的药驮子，外形像一座"单孔桥"，"桥"顶上是个没有盖儿的箱子，里边可以存放各种夹板。"桥"的两边各有三个抽屉，抽屉里用木板隔成若干小格子，小格子里可以分类放置各种各样的手术器械和药品。只要两个驮子上横搭一块门板，就变成了一个简易的手术台，可以随时随地为伤员做手术。

这个药驮子，可以盛下一百次手术和五百次换药用的器械、药品。可以这样说，药驮子实际上包括了一个手术室、一个换药室和一个小药房。这个多功能的药驮子，只要放在牲口背上就可以驮走，具有携带方便、行动快捷、一物多用的特点。然而，这个药驮子还有更重要的特点，它只要半个小时就可以展开，用15分钟就能够完全收起来。这个药驮子的诸多特点和优越性，适应了平原游击战战场救治的实际需要，这是白求恩同志在野战医疗工作中的一个重大突破和重要贡献。

根据白求恩的提议，这种药驮子被命名为"卢沟桥"。后来，"卢沟桥"外科医药箱在平原游击战医疗工作中发挥了重大作用。

➔ 徐连长得救

★★★★★

（49 岁）

医疗队充分发挥了火线救护作用，越来越得到部队的认可。于是，在白求恩的建议下，经贺龙师长的同意，白求恩带领的医疗队参加了河间齐会战斗，医疗队设在离前线很近的温家屯。

为伤员做手术，是白求恩带领的医疗队在战斗打响之后最重要的工作。因此，白求恩来到温家屯之后，就立即把手术室确定在村南的一座关帝庙里，手术室设在正殿，处置手术前后的伤员，安排在正殿旁边的屋子里。

战斗打响的一两个钟头之后，第一批伤员送来了，白求恩便在手术台前忙碌起来。战斗异常激烈，并持续了一整天，白求恩就一整天工作在手术室里。夜幕降临，我军总攻开始之后，伤员剧增，白求恩弯腰弓背，全神贯注地做着手术，护士不时地为他擦去头上的汗珠。白求恩又忙碌了一整夜。当又一个黎明微露的时候，炮弹竟在手术室的后边爆炸，黑烟从外边涌入了手

△ 曾被当做手术室的关帝庙

△ 白求恩在为八路军伤员动手术

术室。

情况紧急，一二〇师卫生部曾部长通知白求恩说，前线吃紧，贺龙师长命令白求恩，手术务必撤到后方去做，这里太危险。

曾部长急切的话语，在白求恩耳边响起，虽然手术室外边炮火连天，响声不断，但对于贺龙师长的命令，白求恩还是听得很清楚。然而，面对危险，白求恩却一边做着手术，一边对曾部长说：

"我本人很感谢师长的关心，可是我不能接受他的建议，请你去看看，有头部、胸部和腹部受伤的伤员，不必登记，马上告诉我，直接手术。"

曾部长又恳求说："白大夫，你到后方给伤员手术，这是战斗形势的需要！"

白求恩对曾部长说："是的，可是，战士们没有离开他们的阵地。手术台是医生的阵地，我为什么要离开呢？部长同志，请你转告师长，要把我当成一名八路军战士，而不是你们请来的客人。"说完，他又埋下头去，继续手术，并咕哝一句："我再次请你去看看，有没有头部和胸部受伤的。"

白求恩的话音未落，一发炮弹又落了下来，把小庙炸去了一个角，挂在庙门上遮挡尘土的幕布被扯了下来，火苗扑向了手术室。

在曾部长的指挥下，火被扑灭了，伤员准备转移，白求恩也要撤离。

可是，这时的白求恩，依然镇定自若地工作在手术台上。一个手术后的伤员被抬到担架上转移走了，又一个新伤员被抬上手术台。

这是一个处于昏迷中的伤员。白求恩小心地撕开他的衣服，发现伤员腹部中了步枪子弹，伤口处，一段和着泥土的肠子露在外边，肠间膜动脉血管破裂，腹部大量出血。如不及时处理，这位伤员定死无疑。

白求恩立即给生命垂危的伤员处置和手术。在处置和手术过程中，白求恩想，伤员的肠子有十个穿孔和裂缝，伤势这样严重，他居然还能活下来，究竟是一种什么信念使他支撑下来呢？简直难以想象。同时，伤员的肠子上怎么会沾了那么多的脏东西？尽管忙碌，白求恩趁着手术间隙，通过卫生员还是了解到了这位伤员的情况。

卫生员告诉白求恩，这位伤员姓徐，是位连长。徐连长在和敌人争夺阵地、带领战士奋勇冲击中腹部中弹。负伤后，徐连长没有言声，而是咬着牙，一只手捂住肚子，继续指挥战斗。他用手榴弹打掉敌人的机关枪，冲入阵地，这时，他的肠子流出肚外，他顺手把肠子塞进肚子里，捂住肚子，举着驳壳枪，仍旧和敌人对射。后来与敌人肉搏时，他顾不得捂住肚子，与敌人扭打在一起，敌人被打垮了，阵地保住了，而徐连长……

卫生员再也说不下去了。白求恩望着手术台上的徐连长，激动地说：

"多么英勇的同志呀，简直不可想象，十处穿孔严重失血，可他竟然坚持了那么激烈的战斗……这就是我们的战士，他生命的力量绝不是医学科学所能解释的，为这样的战士服务是我最大的快乐和光荣，我一定要救活他。"

白求恩为徐连长认真地做了手术，他用羊肠线把十个穿孔和裂隙一一缝好，直到万无一失时，才让人把徐连长抬下了手术台。

一天下来，白求恩一直惦念着徐连长，傍晚，伤员不多了，白求恩欣然接受了一位医生的替换，离开了手术台，来到了徐连长的病床前。等警卫员何自新找到白求恩的时候，看见白求恩正一动不动地抓着徐连长的手。白求恩招呼小何说：

"来，你像我这样抓住他。他正处在麻醉清醒前的烦躁状态，乱打乱动，不抓住他，他的手会碰破伤口，搞不好，还会摔到地上。你来换我一下，我一会儿就来！"

白求恩很快就回来了，手里还提着一个用几根木条做成的床挡。

"来！咱们给他换上这个，这样他就不会从床上掉下来了。"

"你没去吃饭？"小何着急地问。

白求恩笑着，指了一下床上的徐连长说："这是咱们八路军的英雄，他的生命安全难道不比我吃饭重要么？"

白求恩心里记挂着英雄。此后，他忙里偷闲，每隔一小时就去看徐连长一次，并且还把同志们送他的战利品荷兰牛乳、咖啡、梨子等给徐连长吃。为了减轻英雄的痛苦，分散他的注意力，白求恩还把香烟放在徐连长的嘴上，亲自点上火，慈祥地说："抽吧，孩子，这对减轻你的痛苦有用。"

在白求恩的精心护理下，八天后，徐连长的伤情有了好转，白求恩这才允许将徐连长送往后方医院休养。徐连长要离开白求恩了，他拉着白求恩的手，抽泣着说：

"白大夫，我没有别的办法来报答你，我以后只有多杀鬼子来报答你……白大夫，你等着我立功的好消息吧！我会来向你报喜的……"

→ 两个好运的孩子

★★★★★

白求恩在做好战场上的医疗救护工作的同时，还为驻地的老百姓解除病患带来的痛苦。他关心、爱护病人，全心全意为人民群众服务的精神，在任何地方、任何时候、任何情况下，都能体现出来。在冀中老百姓的记忆里，在工作和战斗的间隙，人们经常见到一个高高的个子、瘦削的身体、高高的鼻梁、金发碧眼的洋人身背药箱，进出农民群众家里。他的到来，为患病的群众带来了福音。

有一天，白求恩和翻译郎林在驻地发现了一个小男孩嘴上有个豁口，他就同郎林商议：

"你看这孩子多漂亮，浓眉大眼，脸蛋红扑扑的，可惜嘴上有豁口，我们可不可以给他做个整形手术?"

郎林思索了一下，笑着说："可以倒可以，不过做手术动刀动剪的，得先同他家大人商量一下，别闹出什么误会!"

白求恩听了，同意地点了点头，然后走到孩子的面前，亲切地抚摸着他的头问道：

"小家伙，你的家在哪儿? 你可以领我们到你的家里去么?"

小孩子见了从高头大马上下来的洋人，有些害怕。白求恩和翻译尾随着那孩子，来到了他的

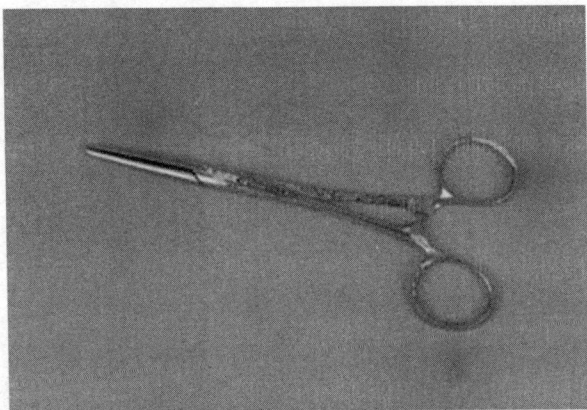

△ 白求恩使用过的止血钳

家。

急急慌慌跑进门来的孩子，见了母亲，上气不接下气地说：

"那两个人想到咱家来，他们里边的那个高个儿，模样长得好怪！"

母亲听自己的孩子这样说，放下了手中的针线，抬头望去，她看清一位洋人真的来她家了，便心里一紧。不过，她的紧张，很快就被白求恩身上的八路军军服给打消了。

翻译首先走到孩子母亲跟前，说明了来意。可是，孩子母亲哪里懂得什么"整形"和"手术"之类的说法。于是，翻译郎林微笑着对孩子母亲解释道：

"就是把你家孩子的豁口缝合，让他变得像别的孩子一样！"

郎林这样一解释，孩子的母亲终于明白了，不过她担心地问道：

"同志呀，我这孩子的豁嘴是胎里带来的，能治好么？"

郎林为了打消孩子母亲的顾虑，指着白求恩对她说：

"大嫂，白大夫是从加拿大来的有名的外科大夫，是帮咱们中国打鬼子来的。他的医术很高明，一定会把孩子的毛病治疗好的，你就放心吧！"

孩子母亲听了，眉开眼笑起来："早听人说，咱们队伍里有个洋大夫，活菩萨一样的人，你带来的这位洋大夫，莫非就是那个洋大夫?"

　　郎林告诉孩子的母亲，眼前的这位，就是她说的那个洋大夫。

　　孩子的母亲听翻译这样说，急忙上前拉住了白求恩的手，连连说："白大夫啊！要是能把我孩子的豁嘴治好了，那，那敢情好！"实际上，孩子的豁口缝合很简单，几天后就拆线了。豁嘴孩子一下子变漂亮了。

△ 白求恩在日光浴

孩子的父母为了表达对白求恩的谢意，给白求恩送去了一篮子红枣和柿子。可是，白求恩说什么也不肯收，他连连说："我是八路军的医生，咱们军民是一家人，我给孩子治病是应该做的事情，你们不要感谢我，要谢就谢八路军吧！"在驻地老百姓的心目中，白求恩就是八路军派来治病救人的活菩萨。

白求恩主动热情地为老百姓治病，使人民群众更加拥护和爱戴人民子弟兵。

农民尹创3岁的女儿小丫，虽然聪明伶俐，可头上生了一个疔疮，流脓淌水，怎么也不见好。由于疾病缠身，孩子日渐消瘦，眼窝塌陷，小脸蜡黄，病情越来越重，孩子的父母正为此发愁。这时，小丫的姥爷捎信来，说他们庄子上来了八路军的医疗队，有个姓白的洋大夫医术高明，不管是什么病，只要到了他手里，三下两下就治好了。"真是神医呀！"接到小丫姥爷的信儿，夫妻二人赶紧抱着孩子去了。

白求恩为小丫动了手术。经过白求恩的精心治疗，小丫的疔疮终于痊愈了。为了感谢白求恩大夫的救命之恩，小丫的父亲参加了八路军。

豁嘴的孩子被缝合，成了一个正常的孩子；小丫脑袋上的疔疮被治愈了，她变得更聪明、更伶俐、更加可爱……类似这样的事例有许多许多，由此，人们在感激白求恩大夫的同时，更加感谢共产党，感谢八路军。老百姓把感激之情，化作拥军的实际行动，为取得抗日战争的最后胜利，作出了不懈的努力。而这其中，白求恩同志毫不利己、专门利人的精神在闪光，在熠熠生辉。

老乡心中的白大夫

★★★★★

（49岁）

老百姓早早地就聚集在戏台下，等着看庆祝齐会战斗胜利和欢迎新参军的青年入伍文艺演出。演出单位是一二○师剧社。

几个老大爷你一言他一语聊得正热闹，有的说，今天，准有徐连长的戏，剧团排练，我的小孙子钻到戏棚里看了。还有的说，给徐连长排出戏，真是应该，徐连长可真是条好汉，肠子都流出来了，还硬是捂着肚子往上冲，不愧是精忠报国的英雄! 由徐连长，话题很快就转到了白求恩身上。说白大夫待徐连长好，徐连长说，他要多杀鬼子，报答白大夫的救命之恩。有的说人就是要知恩图报，换了是我，也得这样。有的说，徐连长在他家住的时候，他眼见白大夫和警卫员给徐连长做好吃的，白大夫真是个细心人，别看人家是外国人。有的说，白大夫说了，他周游各国，就属咱八路军没个比！

有人很神秘地捅了捅身边的一个老汉，让他听听不远处的一群小脚老太太说什么。其实，她们也在说徐连长，也在说白大夫救死扶伤、治病救人的事。有人说，白大夫的戏真该演，不过，要演他的戏，不但要说外国话，还得有长相，白大夫的鼻子那么高，脸红得像个胡萝卜，个子又大，没人能扮得了。

听到这里，老汉堆里有人说话了：女人家，就是头发长见识短，演戏装扮一下不就像了么？演戏就是演戏，只要像就成了。

大家正说得热闹，白求恩由翻译陪着来了，一位大娘扯着翻译问：

"我说同志呀，问你个事儿。"郎林停住脚步，亲切地说："大娘，什么事儿啊？"大娘说："同志呀，我想问问，白大夫的孩子多大啦？"翻译郎林听老太太这样问，先是愣了一下神，然后立即严肃地对老太太摆了摆手，意思是不让老太太问下去，怕让白求恩听见。老太太不解其意，问郎林怎么回事，郎林低声地对老太太说："他没有孩子！"老太太有些后悔，早知道这样，自己真的不该问。老太太自言自语地说，这么好的人，怎么没有孩子呢? 回医疗队的路上，白求恩问郎林，他跟那位老人说了些什么，郎林只好实话实说："那个大娘问你的孩子。"

白求恩问："你没有告诉她吗? "

"告诉了，我说你没有孩子。"

白求恩又问："为什么不翻译给我呢? "

郎林不吭声了。

△ 白求恩和自卫队员在一起

白求恩摇了摇头，坦然地说："我知道，你怕我不愉快。是啊，我曾结过婚，有一个幸福的家庭。可是，我为了医学科学，为了多为人们做些事，我的家庭破碎了，没有给我留下孩子！想起来我是苦恼的。可是，我不悲观，因为，我从事的事业是千百万人的事业，所以我不在乎自己有没有孩子，如果我在乎这些，我就会留在加拿大陪着母亲，再建立家庭。可事实上，我不想这样做，因为我是共产党员！"

白求恩搂住郎林的肩膀说："你注意过没有，我很喜欢孩子。我常想，等这些孩子长大以后，他们像我们一样继续完成我们憧憬已久的事业，这是多么激动人心的事啊！想起这些，我个人的不愉快又算得了什么呢？"

这天晚上的文艺演出，真的有徐连长和白求恩的戏。人们为白求恩的国际主义和共产主义精神感动，为徐连长的英勇无畏、不怕牺牲的精神感动。演出结束的时候，白求恩被人发现，人们簇拥着他，闪开一条路。白求恩走到戏台中间，忽然想到，他要用中国话做一次演讲。于是，他向台下的观众摆了摆手，人们很快就安静下来。白求恩用不连贯的中国话讲道：

"同志们，谢谢你们的称赞。我是八路军的医生，这些工作都是我应该做的。不过，我很骄傲，我能为中国人民的解放事业尽一份力量……我荣幸地来到你们中间……"

听了白求恩的演讲，人们热烈地鼓起掌来。掌声响彻云霄，传得很远很远……

→ "我想立即见到我的全部伤员"

★★★★★

（49岁）

白求恩在敌人的眼皮底下检查他所有的伤员的故事，是白求恩在中国工作两年的经历中传奇的一笔。

四公村是河北省河间县东北40华里处的一个小村庄。它位于古阳河南岸，河的对面，就是敌人的炮楼，站在炮楼上，就能把整个四公村看得一清二楚。可是，谁也不会想到，就是在敌人眼皮底下，会藏着几十名八路军伤员。

四公村藏着伤员的事情，一直都瞒着白求恩，不让他知道。从卫生部的领导，到医院乃至医疗队的同志们，都害怕白求恩知道四公村藏着伤员，以白求恩的脾气，只要哪里有伤员，他一定要到哪里去，谁也阻拦不住他。后来，这件事情，白求恩到底还是知道了。为此，他风风火火地找到了贺龙，坚决要求去四公村见伤员。贺龙对他那极端负责任的态度，心中油然生出敬佩之情，他对白求恩说："那里离敌人太近，安全没有保证，你不能去！"

白求恩争辩说："那里有我几十名伤员，我作为军区卫生顾问、八路军军医，不到伤员那里去，总不能让伤员来找我们吧！"

贺龙坚持说："我可以让师卫生部医务小组的同志们去。至于你，白求恩同志，我还是坚持我的意见，不能去！"

白求恩歪着头，很不服气地反问道："师长同志，我不明白，既然他们能去，我为什么不能去呢？"

贺龙师长知道白求恩很难对付，无奈地笑了，把大烟斗从嘴边取下，说："你跟他们不一样嘛！"

白求恩立刻问："我跟他们有什么不一样？"

贺龙说："他们可以化装成老百姓，你呢？"

"我也可以化装嘛！"

贺师长用烟斗指指白求恩的鼻子，很幽默地说："你这个地方怎么办？"

白求恩一愣，笑了，无奈地摇摇头。但他仍然坚持自己的意见："师长同志，你若担心我的安全问题，可以派部队随我一起去，但如果不让我去，我认为是不可以的，因为我没有理由不去看伤员，不去看伤员，就是我的失职。"

其实，贺龙心里明白，四公村的确有一部分重伤员需要像白求恩这样医术高明的大夫前去处理，但他怕出现意外。最后，贺龙还是答

△ 白求恩和贺龙在一起

△ 白求恩在为伤病员检查

应了白求恩的请求，为了防备万一，派了骑兵排
作警卫，并明确地向白求恩提出两点要求，一
是去四公村不能时间长，处理完重伤员立刻返
回；二是要服从护送部队关于安全方面的部署。

半夜，白求恩在骑兵的护送下，巧妙地绕
过了敌人的岗哨，在天亮之前，悄悄地来到了四公村。

白求恩来到四公村时，这里的一切都已经准备好了，稍事休息之后，给需要手术的伤员做了手术。手术结束之后，白求恩觉得很奇怪，因为在他做手术的过程中，他既没见到轻伤员，更没见一个医生和护士，这些人都哪里去了呢？通过翻译，老村长对白求恩解释道：

"因为在敌人的眼皮子底下，这里的医生、护士都穿便衣。伤员们也分散住在老乡的家里，伤员和群众像一家人一样生活，不知情的来了是很难看出来的。"

听了老村长的介绍，白求恩觉得不错，不过，他问老村长：

"伤员在老百姓家里养伤治病，效果能保证么？"

老村长只是笑笑，没有正面回答，这时，白求恩有些着急，让老村长带他立即见到他的所有伤员！

于是，老村长领着白求恩穿过一条大街，转过几个胡同，来到一所小院。房东早已站在门前迎候，热情地拉着白求恩的手，一同进了屋。

伤员安详地躺在炕上。白求恩摸了摸炕，炕上铺了厚厚的一层麦秸，非常松软。白求恩掀开被子，被子拆洗得干干净净。白求恩打开包扎伤口的纱布，伤口周围十分清洁，鲜红的肉芽已经长出。白求恩满意地点了点头，对伤员的护理和对伤口的处理都是高标准的。可是，他心里还有一个疑团没有解

专门利人精神生辉

开：敌人来了怎么办呢?

老乡好像猜到了白求恩的心思，等白求恩给伤员换完药，老乡把他领到一个靠墙的立柜前，打开柜门，把灯放在柜子里的一块木板上，然后招呼白求恩向里看。白求恩好奇地把头伸进去。原来，这个柜子连着一个夹墙。夹墙里铺着干草，只要有情况，这里面完全可以隐蔽两个伤员。

老村长向白求恩介绍道："村里有不少这样的夹墙和地洞，情况不严重，就在这里躲躲，情况要是严重了，就把伤员转移到邻村或庄稼地里。鬼子曾经几次搜索四公村，都没有发现什么问题。"

白求恩大为惊奇，拍着老村长的肩头，连声说："奇迹! 奇迹!"

告别了伤员和老乡，白求恩又被领到隔壁一家，一进门，见到一位老大娘正拿着一把用竹筷子制成的镊子，蘸着盐水给伤员洗伤口。白求恩惊喜地说："老大娘，你做得好啊!"

大娘爽朗地笑着，回答说："白大夫，你先别夸我呢，还是多给指点指点吧! "望着大娘从容不迫的神态和熟练灵巧的动作，白求恩钦佩地问："大娘，你这是什么时候学的呀! "

大娘说："打根据地开辟就练着做了，这也是逼出来的。开始那阵子伤员多，队伍上医生忙不过来，眼睁睁看着同志们的伤口流血化脓，就是搭不上手，别提心里有多着急了。后来妇联把俺们组织起来学习，再加上部队医生手把手地教，也就试着干了！"

妇救会主任接过话茬说："大娘这一家都能搭上手了。区里开支前会，大娘家还被评为热爱伤员的模范家庭呢！"

到四公村的第一天，白求恩接触了许多家庭，感触很深，很受鼓舞。

这天晚上，白求恩非常兴奋，抓紧时间给剩下的几个伤员做了手术，直到很晚，才在同志们的劝说下和衣而睡。来四公村时，贺龙就对医疗队和骑兵排做了具体的指示，晚上休息时，要把所带的东西都装进马褡子，绑在驮架上，放在马身旁；要求人不脱衣，马不卸鞍，准备一有敌情就立即转移。

意外果然出现了。天刚拂晓，侦察员急火火地推醒了翻译郎林，告诉他，有紧急情况，四百多敌人正朝村里来了，你还是赶快叫醒白大夫吧！翻译叫醒了白求恩，老村长乔装打份迎向敌人，在他机智的周旋下，为医疗队争取了宝贵的时间，医疗队的人马悄悄地从村东头小路转移了。

等敌人发觉上当之后再反扑回来的时候，医疗队已经转移到安全地带，伤员也隐蔽好了，敌人什么都没有得到，报复性地放了几枪，放火烧毁了几间房子，撤走了。

事后，白求恩深有感触地说：

"四公村遇险的经历使我感到，人民的力量就是大，八路军真像是人民海洋里的游鱼。"

→ # 戏台上做手术

☆☆☆☆☆

（49岁）

白求恩想回国，想去美国。当然，他的这种想法不是为自己，也不是为了看望年迈的老母亲，而是要为八路军筹款，要从经济上支援中国共产党领导的八路军抗战。

白求恩的计划得到了晋察冀军区领导的批准，欢送会开过了，他的行装也准备好了，白求恩真的要走了，要离开晋察冀边区了。然而，事情突变，军情紧急，日寇出动了两万多兵力，并有飞机、大炮、装甲部队的配合，兵分多路，向晋察冀边区发动了冬季大扫荡。八路军在涞源与日寇接火，虽然第一仗就胜利了，但是，这并没有打掉敌人的嚣张气焰，反而使日寇恼羞成怒。日寇号称山地作战专家的阿部规秀带着他的人马，疯狂地向我晋察冀边区直扑过来。

对于战地医疗队来说，战斗就是命令，战斗就是对医护人员的召唤。于是，晋察冀军区命令卫生部，立即组织战地医疗队，开赴前线，抢救伤员。

听到这个消息，白求恩立即取消了回国的计划，放下行李，向领导提出坚决参加战斗的请求。领导理解他的心情，大家也都知道他的脾气，前线也的确需要白求恩这样待伤员如同亲人的好医生。基于这样的想法，晋察冀军区领导同意了他参战的请求。

白求恩留了下来，参加了冬季反扫荡的战斗。

孙家庄距离涞源前沿阵地不远，白求恩率领的医疗队就住在孙家庄，手术室就设在一座小戏台上。"卢沟桥"被打开，放在戏台的中间，上边放了一扇门板，手术准备工作就绪。这时，白求恩一声令下，手术开始了。戏台下担架上的几十名

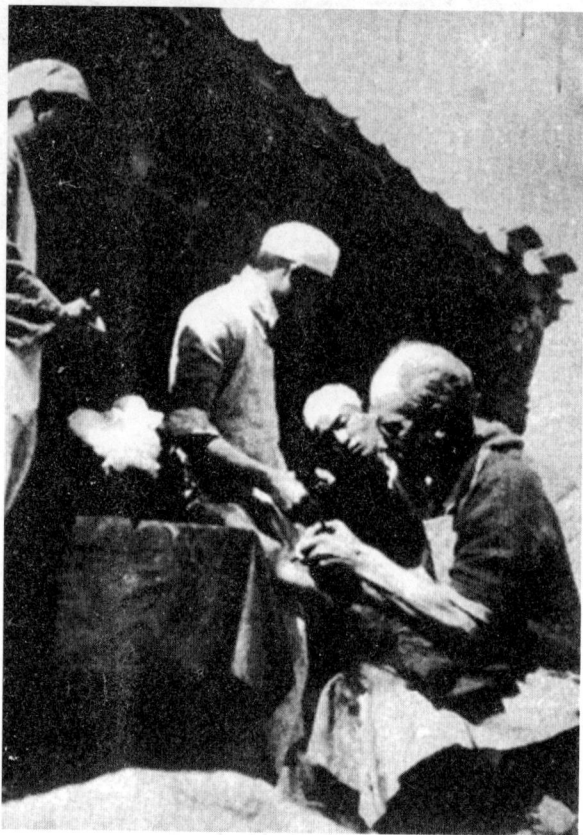

△ 白求恩在孙家庄为伤员做手术

伤员，都在等待手术。人们紧张地忙碌起来，
手术井然有序地进行着。

战斗激烈，手术一个接着一个。战斗稍缓，
伤员也就少了。等到第二天下午，从火线上下
来的担架突然减少了，医疗队接到紧急命令，

要求立即撤离孙家庄。

战场形势发生了急剧的变化，如果不撤离，或稍有迟缓，就可能发生意想不到的危险。分三路进攻的敌人，已经被我军分割包围，并且已经被歼灭了大半。但是，敌人为了重整旗鼓，正在向孙家庄一带集结。敌人一旦集结起来，医疗队便处于极度的危险之中。

军令如山，医疗队当然必须服从司令部的统一指挥。

然而，手术室外还有几十名伤员等待手术，怎么办？经过研究决定，把轻伤员立即转移，十几名重伤员立即就地手术，然后跟医疗队一起转移。通过翻译，白求恩明白了医疗队的处境和医疗队的决定，他没有说话，像往常一样，神情专注地为重伤员做着手术。

手术在紧张而有秩序地进行，时间也在一点点地流逝。

这时，哨兵来报，说村北发现了敌人，好像就是集结的敌人！

叶青山看了看手术室外等待手术的伤员，要哨兵继续观察，有情况随时来报。医护人们听到了哨兵的报告，也听到了叶青山部长的命令，对形势有了了解，都加快了动作。可是，一个手术还没做完，哨兵又跑来报告，这次情况更加严重了：

"是鬼子上来了，戴着钢盔，明晃晃有一山坳，好几百人，离这里已经不远了。"

叶部长命令哨兵："不要慌，密切注意敌人动向，通知警卫连，无论如何要顶住。"叶青山把情况告诉了白求恩。

白求恩对医护人员说："我们还有一些时间，现在我们必须抓紧这点时间！加快速度，争取把全部手术做完。"

白求恩一边进行手术，一边建议说："把已经动过手术的伤员立即抬走，马上在这儿再添两张手术台，把伤员抬上来，一次抬三个，派一个卫兵在北面放哨，另一个卫兵照顾民夫，把驮子收拾好，准备随时出发。"

叶青山的声音突然变得严厉起来："白求恩同志，现在情况十分危急，我请求你立即停止手术！随手术后的伤员，一同转移！"

白求恩对翻译郎林说："如果我们现在走，岂不是增加伤员的痛苦和危险！我们现在还有一点时间，敌人暂时还不会到，我们还可以给剩下的伤员做完手术。再说，我作为军区卫生顾问，怎么能把危险留给你们呢？"说着，他吩咐护理员把手术台上刚做完手术的伤员抬下去，接着喊道："把没有手术的伤员抬上来，记住，一次抬三个！"

三张手术台上，手术同时进行。大约又过了几分钟，一串急促的脚步声响起，哨兵第三次撩开白布幔，焦急地通报敌情：

"敌人已经逼近山下，头上的钢盔都已经看得清清楚楚，至少有七百人！现正在向孙家庄集结！"

手术室里一片寂静。除了手术器械的响声和人们急促的呼吸声外，连一点声音也没有，好像整个世界骤然停止了运动。

寂静，令人难以忍受的寂静。在这难耐的寂静中，危险，正一步步地逼近。

突然，村北的山下响起了一阵密集的枪声，敌人接近了村子，与我警卫连交火了。子弹在小戏台上空啾啾地飞过，轰隆，一颗炮弹在附近爆炸，浓烟向小戏台黑压压地扑来。

戏台下，驮子早已准备好了，白求恩的枣红马竖起耳朵，用蹄子刨着脚下的土，鬃毛飘扬，仰天长嘶。

这时，最后一个伤员抬上来了。哨兵第四次报告说："白大夫，我们警卫连已经同鬼子交了火，鬼子马上就要进村了，你一刻也不能逗留了，快转移！"

叶青山头上冒汗了，他非常焦急，同大家一起劝说道："白大夫，就剩最后一个伤员了，把伤员交给我们吧！你快走！"

猛然，白求恩的左臂震动了一下，他迅速

专门利人精神生辉

将左手从手术部位抽出。糟糕！白求恩咕哝了一句，大家飞快地把目光集中在他的手上。

一股殷红的鲜血从白求恩的左手中指流了下来。大家正要上前说什么，只见白求恩举起右手示意大家继续工作。毫不在意地说："没有什么，我把手指切破了。"说完，把左手中指浸进手术台旁边的碘酒溶液里，然后继续埋头手术。

一分钟，两分钟……

当白求恩在那位战士的手术部位缝上最后一针时，大家深深地吐了一口气。手术做完了。伤员被抬走了。

这时枪声大作，敌人进村了。

"快上马！"叶青山扶着踉跄的白求恩奔下小戏台。

白求恩连橡皮围裙也没顾得解下，翻身上马，他用力兜转马头，枣红马飞奔起来，叶青山等人也紧跟了上去。

鬼子冲进了孙家庄，冲进了小戏台。他们看到了地上翻动的纱布、药棉，看到了飘扬着的白布幔。一个鬼子冲进手术室，他看到，医疗队泼洒在地上的那锅消毒水，还在冒着热气……

→ "还是由我来做"

（49岁）

　　白求恩的手指不但已经发炎，而且肿胀和剧痛都一起向他袭来。这样的痛苦折磨，他谁都没告诉，只是自己默默地忍受。他强忍着剧痛，一连几天，把所有的伤员检查完，又做了几十个手术。

　　医疗队要离开伤员所了，出发前，白求恩再一次检查了所有的病房，看望了所有的伤员，他发现，一个叫吴明的伤员不见了。于是，他问伤员所陈所长吴明哪里去了，陈所长告诉白求恩，吴明头部的伤口严重感染，已经快不行了，他们怕他传染给其他伤员，就把他抬进隔离室去了。

△ 白求恩

　　白求恩不解地问陈所长："吴明同志前些天还好好的! 他感染了什么病毒? 是不是我们护理得不妥, 出了问题? "

　　陈所长说："白大夫, 事情是这样的。前些日子, 伤员所组织一些能劳动的伤员帮助驻地群众秋收, 吴明同志也去了。干活时, 他被庄稼秆扎破了头部伤口, 感染了整个头部、面部, 我们考虑……"

白求恩没等陈所长说完，就什么都明白了。

他知道，这种感染很难治愈，伤员所对吴明的隔离处理是无可非议的。不过，尽管伤员生命垂危，但他毕竟还活着，如果不抢救的话，必死无疑，而抢救毕竟还有一线生还的希望……于是，白求恩当机立断，要求立即给吴明做手术。白求恩的决定，是陈所长根本没有想到的。他向白求恩解释：

"白大夫，吴明同志属于外科烈性传染病，即使做这个手术，也应该由我们来做！"

白求恩斩钉截铁地说："还是由我来做吧！你快去做好手术前的准备工作！"

陈所长看到白求恩坚定的神情，转身出去了……

白求恩来到手术室，看着躺在手术台上昏迷不醒的吴明，要护士帮助他系上橡胶围裙。他猛然想起，他的手术器械已经被驮骡驮走了。此时，陈所长也意识到了这一点，他要命令人去追，被白求恩阻止，他让伤员所给他准备手术器械，找一副橡胶手套。但伤员所没有橡胶手套。此时，白求恩只想着伤员，只想着生命垂危的吴明，哪里想到自己手指的剧痛？陈所长虽然不知道白求恩手指的伤情，但从吴明的情况看，他根本不同意白求恩亲自主刀，而是要白求恩在一旁指导。白求恩对陈所长坚决

专门利人精神生辉

地说：

"这不行，同志，我不能把危险留给你们，留给伤员。这个手术还是让我来吧！谁也不要争了。"

手术开始了。就在白求恩为吴明的伤口放脓时，细菌侵袭了白求恩受伤的手指。由此，本来剧痛的手指，遭受了致命的病毒感染。

仅两天的时间，白求恩的病情进一步恶化，伤口牵扯着他的整个左臂疼痛难忍。就是在这样的情况下，他用手套把自己的左手封好，强忍着病痛的折磨，检查了二百多名伤员，并为十三名伤员做了手术。当他做完最后一个手术时，连说话的力气都没有了。

一位医生发现躺在床上的白求恩表情异样，才知道他正在发着高烧，看到白求恩的手指已经肿得像个胡萝卜，医生难过地对白求恩说：

"白大夫，你休息吧，不能再工作了。"

见那位医生神情紧张，白求恩却安慰起那位医生来。他抚摸着那位年轻医生的头，说道："不要难过，事情没那么严重，我不是挺好的吗？"

年轻的医生再也忍不住了，猛然伏在白求恩的胸前，哭了起来……

作为医生，白求恩早在为吴明做完手术后就已清楚地知道自己感染了病毒。可是那么多的伤员在等着他，所以，他一直隐瞒着病情。

军区首长很快获悉了白求恩患病的消息，首长们非常担心白求恩的病情，明确指示：就地休

△ 这便是孙家庄小庙，白求恩就是在这里给伤员做手术时刺伤了自己的手指。

息，想尽一切办法为白求恩同志治疗。

让白求恩就地休息？这是多么艰巨的任务，医疗队的同志们深深知道这位加拿大共产党员的"机关枪"战斗性格，他们想了许多办法：封锁前线的消息，不让他看到伤员；告诉他少数伤员已经送东阿的冀西后方医院；把他安置在村子中间的房子里，把门关得严严实实，不让他听到远方传来的炮声。

一阵隐约的响声从窗外传来。躺在床上昏睡的白求恩突然惊醒了，他侧着耳朵，仔细地听着，是炮声，是战场上的炮声。白求恩一骨碌爬起来，呼唤着："警卫员！"

何自新跑过来，只见白求恩左臂吊在胸前，脸上显出不安的神色，焦急地说："快！快请叶部长来！"

叶部长、翻译和医疗队的同志们赶来了。白求恩下床，迎上去，对叶部长说："部长同志，我们应当到前线去！"

叶部长连连摆手："白大夫，前方没有战斗。"

"对啊！白大夫请你安心休息吧。"大家也附和着说。白求恩用疑惑的目光望着大家："真的没有战斗吗？你们听！"

"轰隆隆……"西北方向隐隐约约又传来了炮声，如果不仔细听，是听不到的。

白求恩不高兴地说："同志们，你们不该瞒着我呀！"

一阵长时间的沉默后，叶部长才解释说："白大夫，你病得不轻啊！军区首长指示，让你就地休息……"

白求恩听完，忍不住发起了脾气："我跟你们说过多少遍，你们不要拿我当古董。我可以工作，手指上的这点伤算什么？你们要拿我当一挺

△ 白求恩像

顶呱呱的机关枪来使用，我认为，我们应该马上出发去前线，马上……"

第二天，白求恩不顾伤势恶化，顶着漫天大雪，朝着隆隆炮声，艰难地向前线走去。一路上，他看到一些伤员从前线下来，难过地连声责备着自己："来迟了，来迟了，我们来迟了呀！"

白求恩来到离前线仅有十里路的王家庄我军某团卫生队时，他的手指已经肿得越发厉害，左肘关节下发生了转移性脓疡，体温高达 40 摄氏度。为了保证他的安全，医疗队在去前线时专门留下一名医生和两名护士为他治疗。

白求恩内服了非纳西酊，顽强地支撑着，让翻译派通讯员通知前线战斗部队："把所有的伤员一起送到我这儿来。"同时，他命令："凡头部、胸部、腹部受伤的伤员，一定要抬给我看，即使睡了，也要把我叫醒。"

中午时分，白求恩实在难以支撑住病体，昏睡了一会儿。醒来时，他第一句话就问："伤员们来了没有？"守护他的医生说："伤员已经送来了，同志们正在抓紧处理！"

"为什么不叫我？"白求恩火了。他挣扎着掀开被子爬起来要去看伤员。医生按住他的被子，坚决地说："你是病人，不能出去！"

"可我是医生，我必须去看我的伤员！"白求恩固执地说。

医生再一次坚定地说："白大夫，我也是医生，现在你是我的病人，我必须要看护好你，你要听我的！"

白求恩无奈地说："我知道你是在执行部长同志的命令，我可以听你的，不过，现在前线战斗激烈，伤员一定很多，我请求你还是到伤员那里去，至于我，就请你放心好了。"

听了白求恩诚恳的话，医生很是感动。他考虑了一下说："白大夫，我知道你心里挂念着伤员。这样吧，我先替你去看看伤员们的情况，回来后向你作详细汇报！"

白求恩同意了，又对身边的翻译说："你也同他一起去吧！"

手术室就在隔壁，当翻译和医生来到手术室，询问伤员的情况时，人群骚动了。他们回头一看，不由得愣住了，只见两个护士正搀扶着白求恩，一步一挪地向手术室走来，向伤员们走来……

白求恩的病情仍在不断恶化，医疗队的同志们想尽一切办法抢救白求恩，为他注射体内

专门利人精神生辉

消毒剂、强心剂、内服清凉剂，洗肠通便，还为他割开左肘转移性脓疡。所有能用上的药品和办法都用上了，可仍然无法有效控制住白求恩日益恶化的病情。

正在前线指挥战斗的军区领导，派代表来看望白求恩，并建议他立即转移到后方医院治疗。这天，白求恩似乎清醒了许多，他仍然不肯走，诚恳地说："现在我觉得好多了，也许再过几个钟头，我就又能为伤员动手术了。"

就在这时，军区派来的通信员飞马来报：敌人从五亩地、白家庄一带向王家庄袭来，情况紧急。

军区同志坚决地说："白求恩同志，我们的部队要转移，你随部队一起转移，这是首长的命令。"

白求恩意识到自己再也无法尽一个医生的职责了，如果继续留在前线，只能给同志们添麻烦。他虚弱地说："我服从领导的安排！"

护送白求恩的担架在密集的枪炮声中离开了王家庄。前线渐渐远去，躺在担架上的白求恩，不时用右手支起身子，遥望战场，恋恋不舍地说："我十二分惦念的是前方流血的战士，假使我还有一点支撑的力量，我一定留在前方。"

→ 生命垂危

白求恩一病不起，只好按照军区领导的要求，返回后方医院。

在回来的路上，白求恩高烧一直不退，浑身颤抖、抽搐，并呕吐了几次，一直处于昏迷之中。

这天，躺在担架上的白求恩突然醒来了，他好像想起了什么事儿，便着急地问护送人员："到后方医院了吗？"

有人回答：距离后方医院还有十几里，现在已经来到了河北唐县的黄石口村。

白求恩想了想，坚决地说："那么，我们就停在这里吧。"

对白求恩提出的要求，大家都吃了一惊，离后方医院只有十几里路，为什么要在这里停下来呢？白大夫到底要做什么呢？

　　白求恩无力地说：“我的感觉很不好。”

　　大家听了白求恩的话，骤然紧张起来。大家在村口姓于的老乡家，腾出了最好的房间，

△ 白求恩特种外科医院旧址

生好了火，把白求恩安顿下来。

就在这个时候，军区卫生部派出的抢救白求恩医疗小组飞马赶到了黄石口村。

白求恩面色苍白，浑身发抖，四肢冰冷，病情已经十分严重。尽管采取了一切紧急措施和外科处理，而病情却不见有丝毫好转，人们心急如焚。

一位医生劝白求恩："白大夫，把左臂截去吧，这样，也许能转好一些。"

白求恩苦笑着摇摇头："不要治了，我是信任你们的，只要能活得下去，只要能和你们一起战斗，我牺牲一条胳膊我愿意，可是，同志们，我的病已经不单是胳臂的问题了，我的血液有毒，是败血症，没有办法了。"

白求恩说到这儿，痛苦地从嘴角露出一丝遗憾的笑意。他看了看那位医生，又望了望大家，抱歉地说："同志们，不要再守着我了，请你们出去一下，让我一个人安静一会儿，让我好好想一想……"

大家恋恋不舍地走出了屋子。屋子里一下子安静下来。

白求恩看着空荡荡的屋子，艰难地支撑起身子，拿出几页纸，吃力地从胸前掏出自来水笔，紧紧地握住，用颤抖的

专门利人精神生辉

笔艰难地在纸上写起来。他是在给他的翻译郎林写信：

1.将这封信译出后交给叶部长，告诉他，我认为林大夫应该率领一个手术队立即北上协助工作，到昨天为止，共有伤员三百名。村庄整天遭到轰炸，林大夫应该带助手一名，麻醉师一名，护士长一名，护士三名，组成手术队。叶部长从冀中医院带来的六袋棉花垫子和纱布，也要带来。

2.将此信转给聂司令员，请他批准，我为伤员们感到焦虑，假如我有一点支撑的力量，我一定回到前方去。可是，我已经站不起来了。林大夫可以使用我那一套手术器械。他在前方工作后应该回到后方医院去继续协助王大夫工作两星期。都明白了吗？

我希望明天见到你。

这封信，段落凌乱，字母歪斜，字迹模糊，每一段最后的几句话甚至无法辨认。这几张信纸上，都有笔尖划破的痕迹。不用说，这封信是断断续续写完的……

白求恩题为"目前工作的建议"的信，由通信员转交给了郎林。郎林读完白求恩的信，泪流满面，痛哭失声。

护送白求恩回后方医院的人们终于明白了，白求恩之所以坚持留在黄石口村，他是争取生命最后的一点时间，尽可能地多为八路军做些事。

白求恩病危的消息牵动着当地军民的心。

黄石口的乡亲们来了。他们自发地聚集在院墙外面倾听着，谁也不说话。

一队开赴前线的部队经过黄石口村，推选一位连长作为指战员代表看望白求恩。连长透过窗户，望着白求恩，此时的白求恩，骨瘦嶙峋，手臂发青，瑟瑟发抖的身体蜷缩在土炕上。眼见白求恩已经病得不行，那位连长的眼前一片朦胧，热泪夺眶而出。

连长把医生拉到队伍前，对医生说："大夫，我代表全连战士请求你们，一定要治好白大夫的病。我们要用战斗来帮助你们治疗白大夫的病，他听到我们在前线胜利的喜讯一定会高兴的。"

昏迷的白求恩，再次被抢救过来。也许是医生给他体内注入的药物起了作用，也许是走向生命尽头的他被一股强大的责任心驱使的结果。白求恩的意识显得非常清醒，他沉重地呼吸着，勉强支撑着坐了起来。

白求恩的目光落在打字机上。警卫员何自新把打字机搬过来，放在他的面前。白求恩伸出颤抖的右手，轻轻地摸着，多么熟悉的键盘呀，可是，他再也没有力量使用这架打字机了。他摸索着，又从衣袋里抽出自来水笔，让小何拿来几张纸，用颤抖的手，继续写下他最后的遗言。

亲爱的聂司令员：

我今天觉得非常不好，也许就要和你们永别了。

写完这句话，白求恩顿了顿，又继续写起来。他向聂司令员建议：

……立刻组成手术队到前方来做战地救护，……千万不要去北平、天津、保定一带去购买药品，因为那边的价钱比沪、港贵两倍……

水笔在纸上艰涩地滑动着。由于吃力，白求恩无数次地戳破信纸。他想起了他的祖国和人民，想起了国际共产主义组织。他请求聂司令员：

请转告加拿大和美国共产党，我在这里十分愉快，我唯一的希望是能够多有贡献……请转告加拿大人民和美国人民，最近两年是我平生中最愉快最有意义的时日。

此时此刻，白求恩有许多话要说，但是不行了，他已无力支撑，一阵晕眩后，手中的笔滑到了地上……

白求恩挣扎着，被同志们扶起，写下了最后几句话：

我不能再写下去了。

让我把千百倍的谢忱送给你和其余千百万亲爱的同志！

白求恩把遗嘱交给翻译，把自己的夜光表送给翻译作为纪念。他又把自己的手术器械和其他珍爱的物品，分送给医生和护士，叮嘱大家：

"这是武器，拿上它去战斗吧！"

△ 白求恩赠予沙飞的相机

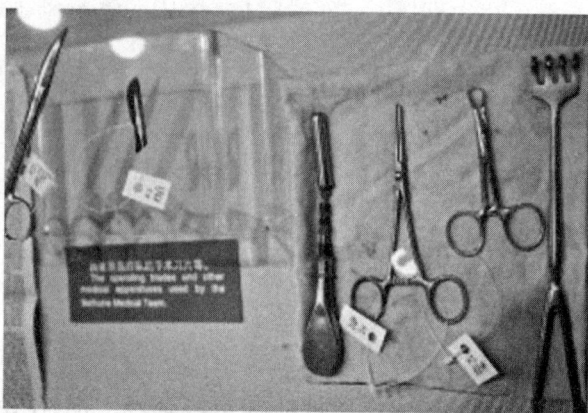
△ 白求恩送给八路军的手术器械

白求恩的脸上浮现出笑容。他语不成声，断断续续地对大家说："非常感谢同志们……给我的……帮助，多么想继续……和同志们……一起……工作啊！……遗憾的是我不能亲眼看到新中国的诞生了……"

白求恩一边挣扎着同大家一一握手，一边用虚弱但坚定的语气对同志们说：

"努力吧！向着伟大的道路，开辟前面的事业！"

夜色哀恸，远山肃穆，白求恩床头上烛光

黯淡，烛油流了下来，也和大家一起哭泣。

1939 年 11 月 12 日清晨 5 时 20 分，伟大的无产阶级国际主义战士、加拿大人民儿优秀儿子、中国人民的亲密战友，毫不利己、专门利人的好医生诺尔曼·白求恩同志的心脏，永远地停止了跳动。

消息通过无线电波传播出去。军区司令部里，久经沙场、看到过无数生与死的聂司令员留下了眼泪……

→ 留给人们的追思

★★★★★

白求恩逝世之后，遗体的保护，成为急于解决的问题。当时，日寇的冬季大扫

△ 白求恩纪念馆

荡还在继续，环境十分恶劣，斗争特别残酷。还是晋察冀边区军民有办法，他们把白求恩的遗体秘密安置在唐县于家寨村附近一个十分隐蔽的山洞里，并用石块将洞口垒死。

1939 年 11 月 17 日，也就是在白求恩逝世五天后，军区首长及卫校师生在这个山洞前举行了向白求恩遗体告别仪式。

11月21日，中国共产党中央委员会发出唁电，号召全党全军全国人民学习白求恩同志的国际主义精神，电文如下：

聂荣臻同志转白求恩大夫追悼会：

加拿大共产党员白求恩同志，不远万里来华

△ 白求恩之墓

参战，在晋察冀边区八路军服务两年，其牺牲精神，其工作热忱，其责任心均称模范。因医治伤员中毒，不幸于中华民国二十八年十一月十二日在晋察冀边区逝世。我全党同志、全国同胞须知，白求恩大夫是忠实伟大的英国民族之光荣的代表。英国民族的统治者，是帝国主义资产阶级，但这是少数人，英国民族之光荣的代表者实是英国无产阶级与加拿大无产阶级及其领袖，英国共产党与加拿大共产党，而白求恩同志正是加拿大共产党派遣来华参加抗战的第一人。白求恩同志这种国际主义的精神值得中国共产党全体党员们学习，值得中华民国全国人民的尊敬。今闻逝世，谨致哀诚。

11 月 23 日，中共中央唁电白求恩家属表示亲切慰问，电文如下：

加拿大共产党中央委员会转白求恩医师家属：

白求恩老医师，自遥远的加拿大来到中国，曾为我英勇抗战而伤病的八路军将士服务近两年，亲历艰苦，不辞劳顿，深得前方将士的信仰。

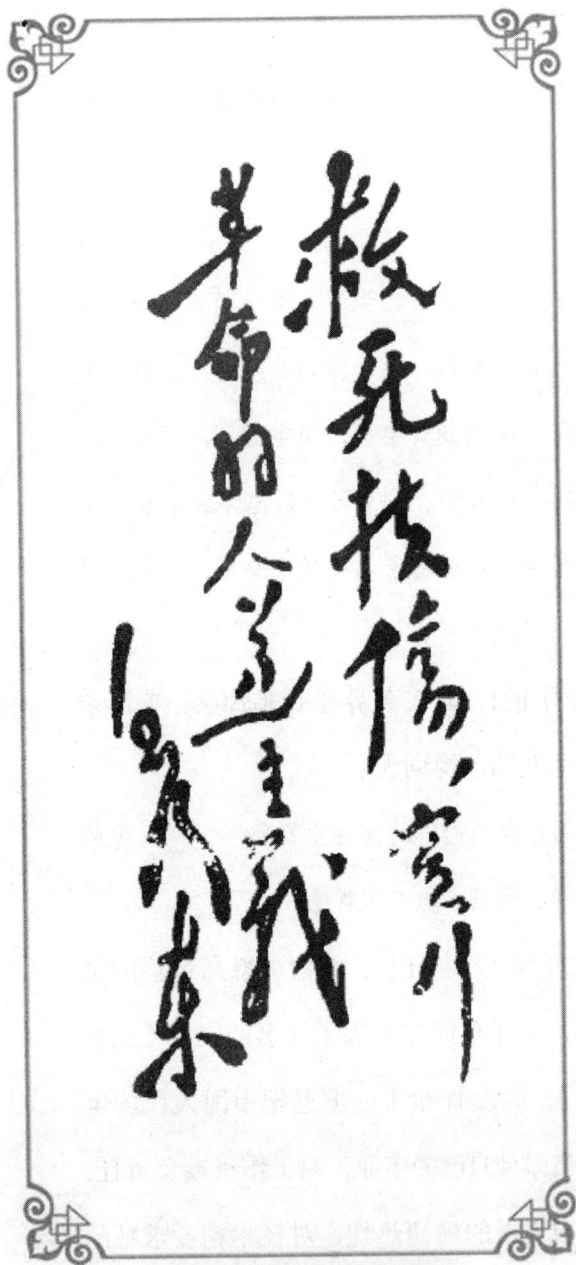

救死扶伤，实行革命的人道主义

毛泽东

他和许多同情中国抗战的国际朋友给了中国抗战以有力的援助。不幸白医师突于本年11月13日因施行手术不慎，致中毒死于晋察冀边区，这是我们一个重大的损失。

我们悼念白医师为世界人类解放事业与对中国抗战的伟大贡献，表示深切的致意，除在各地表扬功绩、举行追悼会外，特电慰问。同时，八路军总司令员朱德、副总司令彭德怀致电加、美援华委员会和白求恩家属并通令全军，为白求恩逝世举行壮烈志哀。

12月1日，延安各界举行追悼会，毛泽东主席送了花圈，挽词为：

学习白求恩同志的国际主义精神，学习他的牺牲精神、责任心与工作热忱。

1939年12月21日，在白求恩逝世后的第四十天，毛泽东同志发表了著名的文章《纪念白求恩》，高度评价了白求恩把中国人民的解放事业当做他自己的事业，对工作极端负责任，对同志对人民的极端热忱，对技术精益求精的国际主义精神和共产主义精神。毛泽东主席发出号召：

我们大家要学习他毫无自私自利之心的精神，从这点出发，就可以成为有利于人民的人。一个人的能力有大小，但只要有这点精神，就是一个高尚的人，一个纯粹的人，一个有道德的人，一个脱离了低级趣味的人，一个有益于人民的人。

1940年1月5日，晋察冀边区各界在唐县军城北关举行白求恩遗体安葬仪式。为了纪念这位伟大的国际主义、共产主义战士，军区决定将白求恩生前倡导建立的晋察冀军区卫生学校命名为白求恩卫生学校。

1940年5月1日，边区军民举行白求恩烈士墓落成典礼，党中央树碑铭文，碑文是：

白求恩同志的国际主义精神值得中国共产党全体党员学习；值得中华民国全国人民尊敬！

1952年春天，将白求恩的陵墓从偏僻的唐县迁移到石家庄市华北军区烈士陵园。在他的墓地西去两公里的地方，是以白求恩的名字命名的一所现代化的综合性医院——中国人民解放军白求恩国际和平医院。白求恩纪念馆就坐落在这所医院的院中央。

1977 年 6 月，邓小平同志为白求恩国际和平医院题词：

做白求恩式的革命者，做白求恩式的科学家。

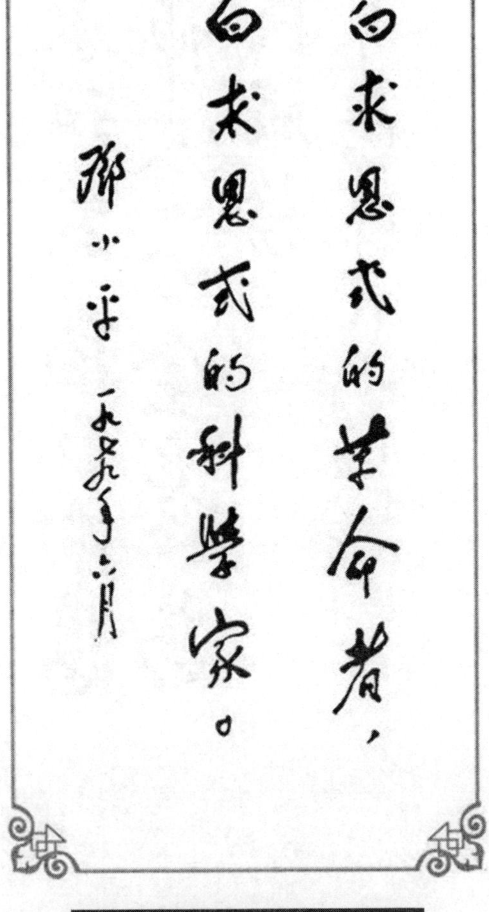

做白求恩式的革命者，
做白求恩式的科学家。

邓小平 一九八六年六月

△ 邓小平为白求恩国际和平医院题词

继承和发扬白求恩
精神全心全意为
人民服务

江泽民 一九九七年
七月十八日

△ 江泽民为白求恩题词

126

精神的丰碑

对白求恩国际主义和共产主义精神最好的学习与继承，便是要学习与继承白求恩那毫不利己、专门利人的精神。

其实，人生的过程，就是一个放弃与追求的过程。从白求恩的人生经历和思想演变的过程中，人们非常清晰地看到了这一点。白求恩作为一个牧师的儿子，作为一个很有名望外科医生的孙子，接受老一辈思想的熏陶与影响，这自然是家庭影响与生活环境的作用。至于后来树立个人的志向，并为此而做出不懈的努力与奋斗，则是信仰和追求逐步坚定的结果。人们不得不承认，做有益于穷苦大众的实事、好事，是白求恩毫不利己、专门利人思想的萌芽与根本来源，而树立正确的世界观、人生观与价值取向，则是白求恩把毫不利己、专门利人作为人生理想去不懈追求与努力实践的思想根基。对于一个人来讲，做什么样的人，信仰与追求什么，非常重要，它直接涉及到你将会是怎样的人。

白求恩无私无畏、毫不利己、专门利人的思想境界，为中国人，也为全人类，树立了最好的榜样，树起了一座永远不朽的思想丰碑。

为了支援中国共产党领导的八路军实现战胜日本帝国主义的侵略，实现民族解放，白求恩不远万里来到中国，用自己高明的医术，用自己的聪明才智，用自己无私无畏、豁出一切乃至宝贵生命的国际主义精神和共产主义精神，攀上了人类美好境界的最高峰，使其成为"一个高尚的人，一个纯粹的人，一个脱离了低级趣味的人，一个有益于人民的人"。

对照白求恩的毫不利己、专门利人的精神，人们应该很好地对照自己。当一己私利没有得到满足而抱怨时，想想白求恩精神，就会觉得自己是何等的龌龊，何等的渺小，何等的境界低下；当把自己的幸福建立在别人的痛苦之上的时候，想想白求恩精神，就会觉得自己是怎样的自私，怎样的卑鄙，怎样的见不得人；当拜金主义成为人生信条的时候，想想白求恩精神，就会觉得自己竟然成了俗不可耐的低级趣味的典型，也该为此而汗颜。

面对现实，面对人生，我们经常想想白求恩精神，多一点为他人、为集体、为国家的意识，这样活得才更有价值，才无愧于人生。

这便是对白求恩精神最好的缅怀与继承。